웃음의
미학과 놀이

웃음의 미학과 놀이

장가자 · 문희주 엮음

이담 Books

웃음예찬

필자는 어릴 적부터 내성적이고 소심하여 많은 사람들 앞에서 말하기가 쑥스러웠다. 그러나 리더십 활동을 하면서 남을 웃기고 즐겁게 하는 유머감각은 후천적으로 길러지는 것임을 알게 되었다.

내 옆의 사람들을 즐겁게 해 주는 것이 내 행복의 지름길이요, 나로 인해 다른 이가 행복해질 때 나도 행복해짐을 깨달았다. 돈이 없는 사람이 가난한 사람이 아니라 웃음이 없는 사람이 가난한 사람이요, 불행한 사람이라고 여겨진다.

웃음은 인간을 인간답게 만들어 주는 가장 중요한 요소다. 그래서 웃음친구가 많은 이는 행복한 사람이다. 이러한 웃음이 모든 피조물 중에서 인간에게만 주어진 특권이라는 것은 놀라운 일이다.

계절마다 피는 아름답고 향기로운 꽃을 바라보며 눈살 찌푸릴 사람은 없을 것이다. 꽃 중에 가장 아름다운 꽃은 영원히 시들지 않는 '웃음꽃'이다. 내가 마음먹으면 활짝 피울 수 있는 웃음꽃이야말로 얼마나 유익하고 경제적인가? 이 소책자를 활용하며 많은 웃음을 체험하기 바란다.

웃음꽃이 만발한 나의 얼굴은 최고의 이미지를 갖게 될 것이다. 웃음으로 단장한 나의 얼굴을 보고 싶다면 거울 앞에서 '하하하……' 소리 내어 웃어 보라. 그 순간 웃을 일이 생길 것이다. '잘 웃는 부모로 잘 웃는 자녀를 키우자.'

필자가 이 책자를 내게 된 데는 즐거웠던 웃음의 추억들을 모아 보고자 한 것과, 서툰 솜씨로 사회자로 활동하며 메모한 것과 강의와 웃음치료 교육 중에 발췌한 내용 등을 정리하여 작은 책으로 만들었다.

행복한 삶의 열망 없이 행복한 삶을 살 수 없는 것처럼, 즐겁게 살겠다는 소망이 없이는 웃을 일도 지나쳐 버리게 될 것이다. 오래전 사회자로 봉사하며 전문성의 부족으로 도움을 받고 싶었다. 그래서 모처럼 즐길 기회가 주어져도 어떻게 즐겨야 할지 몰라 어색해하거나, 깔깔대며 노는 것이 멋쩍어 엉거주춤했던 분들께 이 책을 드린다.

이 책은 웃음에 관한 이론과 실제를 활용할 수 있는 레크리에이션과 유머 모음, 노래로 꾸몄다. 마지막으로 이 책이 여러분의 웃음을 만드는 일에 유익하게 사용되기를 기원한다.

2012년 6월 7일
부루허퉁허 강변 북쪽에서
엮은이 장가자

차례

제1장

웃음의 미학

부모가 웃어야 자녀가 웃는다

데일 카네기의 웃음예찬: 웃음은 보고 듣는 이의 마음을 풍족하게 해 주되 웃음을 주는 이의 마음을 가난하게 만들지 않는다. 웃음은 짧은 순간에 일어나나 그 기억은 영원히 남는다. 세상에는 웃음 없이 살아갈 만큼 부자도 없고, 그 혜택을 누리지 못할 만큼 가난한 사람도 없다.

웃는 가정에 피는 행복꽃: 웃음은 ①가정에서 행복을 꽃피우고, ② 사업에는 활력을 불어넣어 주며, ③친구 사이에는 우정의 증표가 된다. ④지친 사람에게는 휴식이요. ⑤실망한 이에게는 소망이요, ⑥우는 이에게는 위로가 되는 희망의 빛이다. 웃음은 돈 주고 살 수도 구경할 수도 없고 빌리거나 훔칠 수도 없다.

웰빙 삶이란?: 웰빙 생활은 항상 즐겁게 웃으며 사는 삶이다. 웃음은 영혼의 스킨십, 사랑의 줄기세포, 마음의 비타민, 행복의 바이러스다. 아무리 무공해음식을 섭취하고 자연친화적인 웰빙 주거생활을 하더라도 서로 미워하고 불평하며 산다면 그 생활은 결코 '웰빙의 삶'이 아닐 것이다.

2006년 영국 '신경제재단'의 조사에 의하면 행복지수가 가장 높은 국민은 가장 빈곤한 남미의 작은 섬 '브누아트' 국민이었다. 강대국인 미국, 경제대국인 일본도 아닌, 가난하지만 웃으며 행복을 누리는 국민들이었다.

세상이 재미있고 재미없고는 너 때문(20%)이 아닌 내 탓(80%)이 절대적이다. 오늘도 '행복하고 즐겁게 살자'라는 신념을 가지자. 웃으며 즐겁게 사는 것이야말로 웰빙의 삶이다.

어떤 늑대에게 먹이를 줄까?: 한 인디언 추장이 자기 손자에게 자신의 내면에서 일어나고 있는 '큰 싸움'에 관하여 이야기하였다. 이 싸움은 어린 손자의 마음에서도 일어나고 있다고 하였다. 추장은 궁금해하는 손자에게 이렇게 설명했다.

"애야 우리 모두의 마음속에서는 이 싸움이 항상 일어나고 있단다. 그것은 두 늑대 간의 싸움이지. 한 마리는 사악한 늑대로 그놈이 가진 것은 화, 질투, 슬픔, 후회, 탐욕, 거만, 자기 연민, 죄의식, 회한, 열등감, 거짓, 자만심, 우월감과 이기심이란다. 다른 한 마리는 선량한 늑대인데 그놈이 가진 것은 기쁨, 평안, 사랑, 소망, 인내심, 평온, 겸손, 친절, 동정심, 아량, 진실과 믿음, 꿈이란다." 얘기를 들은 손자가 추장 할아버지에게 "할아버지! 그 싸움에서 어떤 늑대가 이기나요?" 추장은 손자에게 말해 주었다. "내가 먹이를 주는 놈이 이긴단다."

이 이야기는 '내가 마음먹기에 달려 있다'는 뜻이다. 결국 마음은 주인이 어떤 먹이를 주느냐에 따라 달라진다. 즐거운 생각을 하는 것도 습관이다.

일본 오사카 대학 연구팀: 이 팀에서의 웃음에 대한 연구결과를 눈여겨볼 만하다. 그 연구결과는 웃음은 혈액 안에서 '자연살해세포' NK를 활성화시킨다는 사실을 확인했다. NK세포는 백혈구의 일종으로 면역기능을 높여 줄 뿐 아니라 암세포를 공격하여 암의 발생을 예방한다고 발표하였다.

웃음의 정의

웃음의 영향: 웃음은 오래전부터 동서고금을 통틀어 언제나 그 중요성이 높이 평가되고 있다. 우리가 살아가며 실패와 좌절의 느낌으로 최악의 스트레스를 받을 때 교감신경이 흥분되어 아드레날린과 부신피질 호르몬인 코티졸이 촉진되면서 혈압이 올라가고 동맥경화가 유발된다.

웃음을 잃으면: 굳어진 동맥의 위치에 따라 협심증, 심근경색과 뇌졸중이 나타나기도 한다. 경쟁사회에 살고 있는 현대인들의 스트레스는 우울증, 불면증과 같은 정신질환과 각종 성인병뿐 아니라 면역력약화로 감기질환도 앓게 된다.

웃음이란?: 돌연히 나타나는 승리의 감정, 혹은 갑자기 긴장이 풀려 우스꽝스럽게 느껴지는 감정의 표현으로 웃음은 건강과 행복의 여정을 만드는 최선, 최고의 동력이다. 웃음은 사람의 신체와 정신을 건강하게 하고 삶의 질을 높이며 참된 행복을 찾을 수 있도록 도와주는 영혼의 음악이라고 정의할 수 있다.

웃음치료의 힘

웃음의 치료역사: 오랜 역사를 통해 웃음은 인류가 발견한 '좋은 약'이 된다는 것을 검증하였다. 웃음치료의 전문가 과정에 의하면 심장질환자의 회복, 통증 완화, 스트레스 해소, 면역강화 등에 웃음이 많은 효과가 있음을 증명하였다.

웃음치료의 확산: 위와 같은 연구를 바탕으로 사람들을 '어떻게 웃도록 유도하여 생활 속에서 습관처럼 웃음이 자리 잡도록 도와줄 것인가?' 하는 것이 매우 중요하다. 이같이 웃음치료에 관한 새로운 인식을 갖게 된다면 웃음치료운동이 날로 확산 될 것이다.

웃음은 만병통치약: 웃음이 만병통치약이라는 확신을 가지고 병

원에서 임상실험을 하여 치료효과를 인정받았다. 웃음은 전염성이 강한 건강장수 호르몬을 분비한다는 것을 알게 된 기업에는 동료들이 함께 웃음으로 동료들 간에 친밀을 더 할 뿐 아니라 업무 향상에도 도움이 많다는 것을 알게 되었다. 그래서 회사는 시간을 정하여 전 사원들이 '웃는 시간'을 갖는다고 하다.

여럿이 웃으면 더 큰 효과: 혼자 웃을 때보다 함께 웃으면 그 효과는 33배가 더 많다는 연구 결과가 있다. 웃음치료가 사람의 신체와 정신을 건강하게 할 뿐 아니라 참된 행복을 찾을 수 있도록 도와주는 것이라 정의할 수 있다.

세상에 가장 아름다운 단어: 이를 조사하였더니 사랑, 웃음, 열정, 어머니라는 단어가 조사 되었다. 그중 1위는 어머니라고 하는데 잘 웃는 어머니가 있는 가정은 지상 낙원인 행복한 가정을 만든다고 한다.

놀라운 웃음의 경제: 평생 동안 13,000대가 넘는 자동차를 판 최고의 세일즈맨으로 이름을 날린 **조 지라드**는 '웃음은 사람의 마음뿐 아니라 사람들의 지갑을 열게 하는 데도 아주 중요한 역할을 하였

다'고 한다. 오랜 판매실적을 통하여 웃음은 긍정적 감정을 자극하며, 사람의 태도를 변화시킨다는 것을 체험하였다고 증언한다.

인간관계 대가 데일 카네기: 그는 미소를 머금고 인사하는 것이야말로 인간관계를 좌우하는 열쇠라고 역설하였다. 긍정적인 사람은 등불과 같아서 나방이 불을 찾아드는 것 같다고 한다.

사람들은 얼굴과 생각이 밝고 긍정적인 사람을 가까이하고 싶어한다. 어떤 상황에서도 웃음은 '할 수 있음'을 생각해 낸다.

웃음은 얼굴의 날개: 아무리 멋진 옷을 입었더라도 얼굴을 찡그리고 있다면 그 아름다움은 빛이 바랠 수밖에 없다. 남루한 옷차림일지라도 그 사람의 얼굴에 함박웃음이 피고 있다면 아름다워 보일 것이다.

심리상태에 따라 다양한 표정을 연출할 수 있는 웃음은 가장 좋은 화장품이며 값비싼 보석이다.

행복한 웃음 흉내: 사람의 뇌는 억지로 웃는 웃음인지 웃고 싶어 웃는 웃음인지를 구별하지 못한다. 이를 믿는다면 억지로라도 웃어야 할 것이다. 건강에 관심을 갖는 것만큼 몸은 건강으로 보답한

다. 이러한 사실을 기억하여 먼저 웃음운동부터 병행해야 한다.

수명과 웃음의 관계: 사람의 몸은 800여 개 근육, 206개 뼈, 1,000억의 뇌세포를 가진 신비한 몸으로 건강 수명이 웃음과 깊은 관계가 있다. 보통 사람의 얼굴에는 왼쪽과 오른쪽 각각 22개의 근육이 피부와 연결되어 있다. 이는 어떤 동물보다도 많은 숫자다.

결국 인간의 얼굴은?: 선천적으로 타고난 인자와 근육의 움직임의 조화로 고유한 인상을 만든다. 타고난 인자야 어쩔 수 없지만 근육의 움직임은 변화시킬 수 있다. 그러므로 즐겁고 편안한 표정을 만들어 가는 것은 자신의 몫이다. 얼굴은 4년 만에 근육은 1년 만에 세포는 3~4주 만에 변한다고 한다. 이제 웃어 보자.

1. 입술을 양옆으로 가늘게 펴고,
2. 뺨과 이마 근육을 최대한 편안하게 이완시킨 다음,
3. 눈에 살짝 힘을 주면 좋은 인상을 주는 사람으로 기억된다.

스티븐 코비의 증언

스티븐 코비: 베스트셀러 작가와 강연자로 유명한 스티븐 코비(미국)는 '인생에서 성공하려면 지금 당장 시급한 것보다 소중한 일에 몰두하라'고 한다. 그러면 가장 소중한 것이 무엇일까?

건강을 잃은 사람들이 한결같이 인정하는 말이 바로 건강이라고 한다. 스티븐 코비가 내린 결론 역시 건강하게 사는 것이 성공적인 삶이며, 성공적인 삶이 곧 행복한 삶이라고 한다. 그러면 행복하기 위해서는 어떻게 해야 할까?

첫째: 감사하자.
둘째: 사랑하자.
셋째: 즉시 실천하자.

머리로 알고 몸으로 실천하는 것: 이는 곧 완전한 삶이다. 9988234란 말이 있다. 이 말은 '99세까지 88하게 살다가 2~3일 누워서 사망하는 것'이라 한다. 그러나 요즈음은 '99세까지 88하게 살되 2~30대처럼 생각하라'고 말한다. 평균수명이 길어지므로 나이는 숫자에 불과하다는 열린 사고로 젊게 살자는 의미다.

일생을 4계절로 보면: 80세를 산다고 가정하여 4계절로 나누어 보면 20대까지는 봄, 40대까지는 여름, 60대는 가을, 그 이후는 겨울로 나눌 수 있다. 봄에는 좋은 씨앗을 더 많이 뿌리고, 여름에는 열정적인 수고와 땀으로 정성을 들인다면 풍성한 열매를 거둘 수 있는 가을이 기다려질 것이다. 웃으며 여유롭게 지낼 수 있는 겨울은 결코 외롭지 않고 기쁜 나날이 될 것이다.

일생을 80이라 할 때: 하루 90초, 즉 1분 30초를 웃는다 해도 30일밖에 웃지 않는 셈이다. 그러면 인생시계의 계산법으로 하면 지금의 나의 시간을 현재 한국인의 평균수명인 80세를 기준하면,

24시간은 1,440분,
이것을 80년으로 나누면 1년은 18분,
10년에 3시간씩 가는 것으로 계산하면 자기의 나이가 몇 신지

나온다(김난도의 '아프니까 청춘이다'에서).
20세는 오전 6시,
70세면 21시인 셈이다.

웃음치료와 마음

3500년 전 잠언에 보면: '마음의 즐거움은 양약'이라 하였고, 2500년 전 히포크라테스는 '웃음은 몸과 마음을 치료하는 기술이며, 건강하다는 것은 몸과 마음의 균형이 잘 된 것'이라고 하였다. 1621년 영국 로버트 버튼은 '웃음은 피를 깨끗하게 하고 젊음과 활기를 주어 건강을 증진시킨다'고 하였다.

웃음만 한 보약은 없다: 웃음은 그 자체가 행복의 촉진제며 노화방지의 역할을 한다. 웃음을 잃으면 동맥경화증이 아닌 정서경화증에 걸린다. 최고의 웃음은 마음으로부터 웃는 것이다.

마음으로 웃는다는 것은 마음속에 **'기쁨의 고속도로'**를 만드는 것과 같다. 언제나 마음속에 기쁨의 고속도로를 타고 즐겁게 달리기 위해서는 반드시 마음이 함께 웃는 웃음이어야 한다.

긍정적 자아상을 위해서

첫째: 나를 사랑하고 용납할 것(나는 미완성 작품임을 인식하라),
둘째: 외적 환경과 조건이 내적 평안을 좌우하지 않음을 기억할 것,
셋째: 가능한 것은 고칠 것,
넷째: 고칠 수 없는 것을 인정할 것,
다섯째: 범사에 감사생활을 할 것 등이다.

긍정적인 생각과 마음으로 사는 것이야말로 윤택한 삶의 주인공이 될 것이다. 웃지 않고 하루를 보낸 날은 그날 하루를 낭비한 것이나 다름없다.

샘솟는 웃음을 웃기 위해: 최고의 씨앗은 긍정적으로 생각 하는 것이다. 심리학자에 의하면 인간의 마음은 원래부터 자신에게 어떤 자극이 일어나기만 하면 인간의 감정적 시스템은 긍정이 아닌 부정적으로 인식하려는 경향이 있다고 한다.

감사를 실천하는 삶: 그것은 생각보다 쉽지 않다. 문제는 감사가 행복의 연습이라면 불평은 불행의 연습이라고 할 것이다(전광 '평

생감사'에서). 긍정적인 생각은 곧 성공적인 삶을 살 수 있게 하는 첫걸음이다.

얼굴을 바꾸는 삶: ①생각은 표정을 바꾸고, ②표정은 말투를 바꾸며, ③말투는 태도를 바꾸고, ④태도는 인생을 바꾼다. 내가 가지지 못한 몇 가지보다 내가 가진 적은 것, 거기에 초점을 맞추다 보면 자연히 감사에 눈이 떠지게 된다(윌리엄 제임스의 이론). 작은 것을 감사하는 사람은 순간순간, 자주, 날마다, 감사하는 삶을 살게 될 것이다.

나이로 살기보다 생각으로 살라: '사람은 생각하는 대로 산다'는 말처럼 긍정적인 생각으로 누군가에게 기쁨을 전하는 이가 되어야 행복한 삶을 살 수 있다. 웃음풍년의 세상을 만들기 위해서는 웃음이란 안경을 쓰고 감사의 문을 통해 세상을 바라보는 것이다.

웃음의 효과

웃음효과의 극대화: 웃음을 극대화시키려면 보통 10초에서 15초 이상을 웃었을 때 엔도르핀의 분비가 최대화된다. 몸과 마음은 분리할 수 없는 하나이기 때문이다. 고대 그리스에서는 원형경기장 혹은 공연장 근처에 병원을 건축하여 몸과 마음을 병행하여 함께 치료하였다고 한다.

웃음치료를 처음 받을 때: 머리가 지끈지끈하거나 무거운 느낌이 들 경우도 있지만 염려할 필요는 없다. 엔도르핀이 과다하게 분비되는 현상으로 조금만 시간이 지나면 해소된다.

웃음은 분위기의 마술사다. 아무리 딱딱한 분위기라도 한바탕 웃고 나면 분위기는 금세 화기애애해질 뿐 아니라 친밀감을 높여 준다.

웃음은 마음의 문을 연다: 웃음은 입만 벌리게 하는 것이 아니라 '마음의 문'도 열게 함으로 한마음을 이루게 하는 데 더없이 큰 효과가 있다. 특히 '퀴즈 유머(난센스 퀴즈)'는 단번에 큰 기쁨을 가져다주는 폭발적인 힘을 갖고 있는 웃음 다이너마이트다.

웃음과 운동 효과에 대해: 영국의 심리학자인 홀덴에 의하면 1분 동안 크게 웃으면 10분간 달리기 또는 에어로빅을 한 것과 같아서 동일하게 근육이 이완되어, 혈액순환이 잘되며, 면역세포와 체내의 T세포가 증가한다고 한다.

15초 동안의 박장대소: 100미터 전력 질주하는 것과 같기 때문에 웃음도 훈련이 필요한 운동이다. 조사에 의하면 어린이가 하루 약 300~400번 웃는 데 비하여 어른은 겨우 6번 정도밖에 웃지 않는다고 한다.

마음속의 행복을 생각할 때: 홀덴 씨는 "우리가 행복했을 때 누구와 무엇을 하고 어디에 있었는가?"를 기억하라고 한다. 그리고 그런 상태를 계속 상기하면서 현재 생활 속에서 그런 행복을 다시 찾으라고 권유한다.

웃음이 미치는 사회학적 효과: 웃음은 친밀도와 호감을 느끼게 한다. 또한 혼자 웃기보다 여럿이 웃으면 33배 정도의 상승효과가 있다. 웃음은 행복을 느끼게 하며, 행복은 인간관계를 통해 맛볼 수 있다.

풀꽃은 숲 속에서 더 아름답다: 사람은 사람 속에서 더욱 행복을 느낀다. 감탄을 많이 하는 사람은 즐겁게 사는 사람의 특징이다. 사회성을 키우기 위해서는 친구를 잘 사귀는 것이 아주 중요한데 친구를 네 부류로 나누어 볼 수 있다.

① 꽃과 같은 친구: 자기 좋을 때만 찾는 친구
② 저울 같은 친구: 이익이 있나, 없나 따지는 친구
③ 산 같은 친구: 편안하고 마음 든든한 친구
④ 손수건과 같은 친구: 힘들 때 위로하고 눈물을 닦아 주는 친구

나는 어떤 친구에 속할까?

웃음에 관한 속담을 살펴보자

한국: 웃는 얼굴에 침 못 뱉는다. 웃으면 복이 온다. 웃는 낯에 침 뱉으랴. 마지막 웃는 자가 가장 잘 웃는 자다.

일본: 웃는 얼굴은 화살도 피해 간다.
중국: 웃지 않는 사람은 장사를 해서 안 된다.
이스라엘: 미소 짓는 방법을 배우기 전까지는 가게를 열지 마라.
스코틀랜드: 살아 있는 동안 행복 하라 죽어 있는 시간은 길 것이다.
독일: 웃음은 울음보다 더 멀리 간다.

미국의 강연자이며 시인인 에머슨은 '진정한 성공의 삶은 자주, 그리고 많이 웃는 것'이라고 한다. 웃음의 아버지이며 미국의 언론인이기도 한 노만 카슨스는 사람이 웃지 못하는 세 가지 이유를 말한다.

첫째: 뿌리 깊은 유교사상,
둘째: 여유 없는 일상생활,
셋째: 웃는 방법을 잘 모르기 때문이다.

웃어야 하는 이유: 내 얼굴의 좋은 이미지를 가지기 위해서 웃어야 한다. 얼굴 이미지의 최고의 장애물은 자신감 없는 표정이다. 맑은 눈빛, 생기발랄한 목소리로 즐겁게 사는 것은 자신감을 가지는 동시에 신바람을 일으키는 삶의 기술이다.

웃음의 실제 방법

웃음을 통해서 얻는 세 가지 효과는 ①침샘효과, ②다이어트효과, ③동안효과가 있는데 이러한 효과를 얻는 웃음의 실제방법은 아래와 같다.

1. 먼저 목 근육을 확장한다.
2. 배에 힘을 주고 "하" 소리친 후 두 손을 힘껏 비비고 거울을 만든 후,
3. "거울아, 거울아 이 세상에서 누가 제일 예쁘니?" 잠시 뜸을 준 다음 "바로 나" 하고 외친 다음 박수 치면서 웃는다. "바로 나" 할 때는 두 손으로 얼굴을 한껏 뽐내는 동작을 취한다.
4. 짝이 된 두 사람이 마주 보고 상대의 눈을 똑바로 쳐다본다.

5. 내 무릎 한 번 치고 두 사람 마주 손뼉 친다. 동일한 방법으로 무릎 두 번에서 마주 두 번 손뼉 치기를 아홉 번까지 친다. 처음에는 천천히 하다가 빠르게 한다.
6. 혀를 앞으로 쑥 내밀고 큰 소리로 "낸낸낸" 하면서 웃는다. 혹은 자기 나이만큼 "낸낸" 한다.
7. 내 몸을 두 손으로 감싸고 가볍게 흔들면서 "○○○ 공주님(왕자님) 비벼도 될까요?" 질문을 한 다음 '하하하' 웃으면서 머리부터 시작하여 자기의 전신을 비빈다.
8. "못난이 공주님 내가 비벼도 될까요?" 하면서 상대방의 얼굴부터 온몸을 비벼 준다.
9. 기마자세를 취하고 팔은 45도 각도에서 손과 혀를 동시에 떤다. 이때 손은 손바닥과 손등으로 각각 떤다.
10. 중지로 눈꼬리를 내리고, 하나 둘 셋 할 때 두 사람 마주 보며 "나 예쁘지?" 한다.
11. 중지로 눈꼬리 내리고 다른 손가락으로 볼을 감싸 하회탈을 만든 후, 하나 둘 셋 할 때 마주 보면서 "나한테 반했지?" 한다.

두개골을 마사지할 때는 웃으면서 두피를 문지르고 두드리는 것만으로도 두피의 혈액순환을 좋게 하여 뇌에 신선한 혈액을 공급

하여 준다.

또한 중요한 미팅 전에 한바탕 미리 웃고 들어가는 것도 긴장을 풀 수 있다. 그리고 거울을 볼 때마다 '모든 일이 잘 될 것이다'라고 상상을 하며 웃는다.

또 다른 방법은 펜이나 손가락을 치아로 가볍고 깊게 물어 펜이 입술에 닿지 않도록 입을 크게 벌려 웃는 시늉을 한다.

두 사람이 마주 보며 하나 둘 셋 구령에 맞추어 "까꿍", 웃음이 절로 나올 것이다.

건강한 웃음운동 3대 포인트

첫째, 크게 웃자: 함박웃음(파안대소)은 광대뼈 주위의 근육을 자극하므로 얼굴근육운동이 되므로 모르핀보다 300배 이상 강한 엔도르핀 호르몬이 분비하게 된다.

입을 크게 벌리고 큰 소리로 한바탕 호탕하게 웃어 보자. 횡격막이 넓어지고 갈비뼈부위가 자극을 받게 된다. '하하하 하~' 옆사람을 쳐다보며 웃는다. 소리 내어 웃어야 긍정적 공명의 파장이 통하게 된다.

둘째, 길게 웃자: 15초 정도, 보통 숨이 끊어질 정도로 길게 웃게 되면 정말로 즐거운 웃음이 되며 복식호흡이 되어 몸 전체의 기능이 활성화 된다. "아싸, 나는 할 수 있어!" "기분 좋아 하하하~!" 하고 웃는다.

셋째, 배와 온몸으로 화끈하게 웃자: 크고 길게 배를 두드리면서 숨이 끊어질 정도로 배가 출렁거리도록 웃으면 오장육부가 움직여 내장마사지 역할을 하여 전신운동의 효과가 된다.

모든 운동에 규칙과 기본운동방법이 있듯이 웃음운동도 마찬가지다. 단시간 내에 최대의 효과를 내며 더 재미있게 웃어야 한다. 이는 좁고 험한 길을 가지 말고 웃음의 고속도로로 가자는 것이다.

웃음 스트레칭의 방법

얼굴 두드리기: 손가락 끝으로 터치하듯 매일 가볍게 15번 정도 입 주위를 두드리면서 "아 에 이 오 우" 발음하면서 골고루 두드려 준다.

입꼬리 당기기: 입술을 양쪽으로 최대한 끌어당기고 5~10초 정도 한다. 하루 한 번에 약 3회 정도 한다.

얼굴풍선 만들기: 입 안에 공기를 넣고 최대한 얼굴을 부풀려 이리저리 굴리며 상하좌우로 15초 정도 숨을 멈춘 후 '파~' 하면서 얼굴풍선을 터뜨린다. 매일 3~5회 정도 반복한다. 얼굴 스트레칭을 하면 근육을 건강하고 탄력 있게 유지할 수 있다.

더 크게, 더 즐겁게, 더 기쁘게 웃을 때 엔도르핀보다 4천 배 강한 다이도르핀이 발생하여 건강에 강력한 치유효과를 준다.

자연스런 웃음소리 만들기

웃음연습: 하. 히. 후. 헤. 호 웃음을 연습해 보자.

'아 하 하 하 하'

'이 히 히 히 히'

'우 후 후 후 후'

'에 헤 헤 헤 헤'

'오 호 호 호 호'를 크게 소리 지른다.

한번 웃음을 지으면 최소한 10초 정도를 계속하여 연습할 때 운동도 되고 탄력도 유지된다.

이때 팔을 흔들거나 박수를 치면서 웃으면 훨씬 쉽게 웃을 수 있다. 옆의 웃음친구들을 서로 보면서 웃어 보자.

큰 소리로 가능한 입을 크게 벌려서 '아' 소리 내고, '아하', '하하 하 하 하'하고 같은 방법으로 '하 히 후 헤 호'를 한다.

노래 웃음법: 송아지 곡으로 '하 히 후 헤 호'로 개사하면 더 신나게 부를 수 있다.

비행기 웃음법: 두세 명이 함께 마주 보면서 비행기 몸짓을 한다. 상대방의 몸짓을 보면 웃음효과가 2배 이상이다.

1. 손을 펴고 두 팔을 쭉 뻗어 비행기를 이륙시키는 듯이 하며 이때 다리는 약간 굽힌다.
2. 위 동작과 함께 입을 크게 벌리고 '하하하하하.' 웃는데 이때 웃음소리는 배 속에서부터 끌어 올려야 한다.
3. 팔을 쭉 뻗은 채 손을 서서히 펴고 앞으로 천천히 걸어 나가면서 양손을 번쩍 치켜들어 비행기가 상공으로 올라가는 시늉을 한다.
4. 최대한 높이 띄운 다음, 입꼬리를 당겨 올리며 숨이 끊어질 듯 힘껏 웃는다.
5. 두 팔을 양옆으로 내리며 '히히히히히' 하며 웃는다. 이때 다리를 약간 굽혀서 착륙하는 자세가 되도록 한다.

조개 웃음법: 조개가 입을 벌렸다가 닫는 모양을 흉내 내는 웃음이다. 두 손바닥이 서로 마주 보게 일자로 손을 붙인 채 손바닥을 서서히 벌리면서 혹은 옆으로, 앞으로 천천히 벌리면서 최대한 활짝, "하하하" 소리를 내면서 웃는다.

손을 최대한 벌릴 때까지 웃게 되면 진짜 웃음으로 바뀌어지는 것을 알 수 있다. 호흡이 배 속에서부터 나오도록 하는 것이 중요하다.

행복 잔 웃음법: 먼저 양손으로 잔을 잡은 자세를 하고, 내 앞에 행복하고 즐거워지는 잔이 있다고 상상한다. 그리고 그 잔에 미소를 지으면서 오른손과 왼손으로 번갈아 기쁨과 행복을 따라 보는 방법이다. 그리고 잔을 마시면 행복해진다고 상상하며 천천히 들이킨다. 그리고 "카악~" 하고 입맛을 다신다.

화살 웃음법: ①활을 쏘는 동작으로 "쉬~" 하고 활을 당긴다. ②활을 길게 당겨졌으면 숨을 멈춘다. '쏘아' 하면 ③활시위를 놓으며 "파~" 소리치며 "하하하..." 하고 크게 웃는다.

합장 웃음법: 두 손 모아 상대방에게 "비나이다! 비나이다!" 하면서 "하하하~" 하고 웃는 것이다.

언제, 어디서 웃나

1. 눈 뜨자마자 웃어라.
2. 하루 세 번 웃겠다고 작정하라.
3. 누구를 만나든지 먼저 웃어라.
4. 나만의 웃음공간을 만들어라.
5. 21일 동안 웃음에 집중하라-습관을 들이기 위해서는 최소의 필요한 기간이다. 3주간은 웃음근육이 만들어지기 위한 기간이다. 거울 속의 나와 눈이 마주칠 때마다 웃자. 습관은 제2의 천성이다.
6. 웃음노트를 만들라: 웃음운동훈련 초기에 웃음노트를 만들자. 웃음노트는 행복을 저장해 놓은 행복했던 기억을 떠올리는 이력서이기 때문이다.

7. 집안 어디에라도 웃음라인, 웃음구역을 정하라: 웃음은 웃으려는 노력과 인내의 과정이 필요하다.

스마일라인/웃음선, 스마일존/웃음구역, 스마일타임/웃음시간을 정해 스스로에게 약속을 하는 것이다. 스마일라인/웃음선을 넘을 때마다 혹은 그곳에만 가면 무조건 웃는다. 그리고 하루 24시간 중 시간을 정하여 웃겠다는 자신과의 다짐을 해야 한다.

만약 하루 웃는 시간이 짧았을 경우는 전화로 다른 사람과 통화하는 것처럼 소리 내어서 혼자서라도 웃는 시간을 만들라. 통화 시 용건을 말하기 전에 한바탕 웃은 후 용건을 말한다.

웃음 십계명

1. 크게 웃어라.
2. 억지로라도 웃어라.
3. 일어나자마자 웃어라.
4. 시간을 정하여 웃어라.
5. 마음까지 웃어라.
6. 즐거운 생각을 하며 웃어라.
7. 다른 사람들과 함께 웃어라.
8. 힘들 때 더 웃어라.
9. 한 번 웃고 또 웃어라.
10. 꿈이 이뤄졌을 때를 상상하며 웃어라.

(이요셉의 '하루 5분 운동법'에서)

웃음의 생활화

첫째, 감사로 시작하라: 감사는 웃음의 뿌리에 해당한다. 학자들의 연구에 의하면 '건강한 사람은 하루에 5,000~10,000여 개의 암세포가 자연적으로 발생한다. 반면에 암세포를 잡아먹는 세포는 50억 개가 있어서 건강을 유지한다.'고 한다. 이처럼 감사의 파동은 엄청난 힘이 된다.

둘째, 감사의 대상을 가리지 마라: 범사에 감사하는 것도 훈련과 실습을 통해서 만들어진다. 살아 있다는 것 자체가 감사한 일이다.

셋째, 먼저 감사하라: 감사하다는 것을 표현하지 않는 것은 선물을 포장만 하고 주지 않는 것과 같다. 철학자 괴테는 "세상에서 가장 쓸모없는 인간은 감사할 줄 모르는 인간이다"고 하였다. 감사는 칭찬보다 더 강력하게 사람의 마음을 움직인다.

넷째, 특별히 과거에 감사하라: 행복했던 기억은 물론, 안 좋았던 고통까지도 감사해 보라. 그동안 힘든 고통을 무사히 넘기고 지금 건강하게 살고 있으니까.

다섯째, 감사의 목록을 만들라: 이는 곧 웃음노트다. 캘리포니아대학의 로버트 에몬스 교수는 "사람들에게 매일 혹은 매주 5개씩 감사를 쓰게 했더니 그렇지 않은 사람보다 건강이 좋고, 스트레스를 덜 받는 것으로 나타났다" 한다. 미국 토크쇼의 여왕인 오프라 윈프리 고백 역시 매일 감사일기를 쓰면서 기적을 체험했다.

가족이나 동료들에게 받은 사소한 도움들을 기억하면 감사거리가 무궁무진할 것이다. 자연만물과 눈에 보이는 모든 것에 이르기까지 감사를 퍼붓다 보면 어느새 체질화가 되어 있는 나 자신을 발견하게 될 것이다.

여섯째, 칭찬의 힘을 믿어라: 칭찬은 긍정적인 에너지를 가지고 있으며 귀로 먹는 보약이다. 학자들의 연구에 의하면 "칭찬은 사람에게뿐 아니라 동식물에게도 민감한 영향을 미치는 강력한 힘이 나타난다"고 한다. 이는 세계적인 경영컨설턴트인 캔 블랜차드의 『칭찬은 고래도 춤을 춘다』는 책에서도 입증하였다.

"나는 내가 좋아, 나는 내가 참 좋아, 나는 내가 아무 조건 없이 좋아." 자신을 칭찬하다 보면 자부심을 갖게 되고, 하루를 힘차게 살아가는 자신감을 갖게 된다. "나는 날마다 모든 면(건강, 재정, 꿈)에서 좋아지고 있다", "나는 항상 웃는 일만 생긴다", "나는 기쁘고 좋은 일만 생긴다"라는 말을 반복하라.

요일마다 웃는 법

일: 일어나자마자 웃는 날

월: 원래 웃는 날

화: 화사하게 웃는 날

수: 수수하게 웃는 날

목: 목젖이 보이도록 웃는 날

금: 금방 웃고 또 웃는 날

토: 토실토실 웃는 날

웃음을 부르는 칭찬

먼저 나 자신을 칭찬하라. 자신을 칭찬하지 않고는 남을 진심으로 칭찬하기 어렵기 때문이다. 칭찬도 훈련을 통하여 나의 습관을 만들 수 있다.

"나는 괜찮은 사람이야", "나는 참 예뻐"라는 말을 자주 하자. 내가 만나는 사람에게는 먼저 칭찬할 거리를 찾아 칭찬하기로 결심하자.

이처럼 훈련을 습관을 만들고 습관은 천성을 만들어 사람이 인상을 바뀌게 하며 인상이 바뀌면 인생관이 바뀌는 축복이 따르게 된다.

머리가 좋아지는 천재 웃음

나는 "똑똑하다" 고 말하라: 웃음은 좌뇌와 우뇌에 골고루 작용하여 알파파를 형성시켜 두뇌 활성화에 큰 기여를 한다. 인간의 뇌파는 1초에 8~14회 진동하는 알파파와 베타파로 구성되어 있다.

미국의 심리학 교수인 마틴 셀리즈맨 박사는 웃음과 학습능력과의 관련성을 연구한 결과 웃음이 학습능력에 미치는 효과를 규명하였다.

마틴박사의 연구결과에 따르면 "나는 똑똑해"라는 말을 웃으면서 자주 반복하는 것만으로도 실제로 똑똑해진다고 한다.

웃음과 박수의 관계

몸이 웃도록 박수를 치라: 온몸으로 웃기 위해서 박수는 반드시 필요하다. 올바른 박수 치기는 두 손을 가슴 위로 올려 두 손 손가락이 서로 마주치도록 하여 하루에 30초씩 3~4회 친다. '제2의 심장이 발'이라면 '손은 제2의 뇌'이므로 이를 잘 활용할 때 뇌가 건강해진다.

몸짓박수: 1. 진행자가 발을 뗄 때마다 청중이 박수를 한 번씩 치게 한다. 발을 내디디려다 말 때 박수를 치는 사람은 걸리게 된다.

2. 내용을 말하다가 '여러분'이란 낱말이 나오면 박수를 두 번 치고 연설을 시작한다. 이때 간단한 연설문을 미리 준비한다.

3. 머리를 긁으면 박수 치기를 하고,

4. 손을 번쩍 들고 흔들면 박수를 치며 "와" 하고 크게 함성을 지른다.

5. 마지막으로 이 네 가지 동작을 한꺼번에 하기로 약속하고 이리저리 걸어 다니며 연설을 시작한다. 그리고 적당한 때에 머리를 긁거나, 손을 번쩍 치켜든다.

건강 박수 치는 요령

1. 감자 박수: 주먹 쥐고 박수치기
2. 싸가지 박수: 손마디만으로 박수치기
3. 이파리 박수: 손바닥 전체로 박수치기
4. 오줌보 박수(방광에 유익): 손목만으로 박수치기
5. 가지 박수(치매예방): 손가락 끝만으로 박수치기
6. 덮어 박수(허리에 유익): 손등끼리 박수치기
7. 도마 박수: 손바닥 측면끼리

여러 가지 박수 치기

찌개박수: 지글지글(두 손 위로 뻗치며) 짝짝 보글보글(두 손 아래로) 짝짝, 지글짝 보글짝 지글보글짝짝

춘향이 박수: 춘향아 춘향아(팔 펴서 등을 쓰다듬는 시늉) 짝짝, 몰라몰라(애교 있게 몸 비틀며) 짝짝 춘향아 짝 몰라 짝 춘향아 몰라 짝짝

수일씨 박수: 수일씨 박수(바짓가랑이 잡는 시늉) 짝짝, 놔라 놔라(힘 있게 뿌리치며) 짝짝, 수일씨 짝 놔라 짝, 수일씨 놔라 짝짝

내코 박수: 내코 박수(코를 가리키며) 짝짝, 니코니코(상대의 코

를 가리키며) 짝짝, 니코 짝 내코 짝, 니코내코 짝짝

인용법: 입, 머리, 귀, 팔 등의 신체 각 부위를 지적해도 좋다.

산토끼 박수(다른 노래도 가능함): ①두 사람씩 짝을 짓는다. ②무릎 두 번 두드리고 손뼉 두 번 두드리고 ③마주보고 손바닥 두 번치고 ④를 반복하다가 ⑤마지막에 가위 바위 보를 하여 진행자가 벌칙을 한다.

곤지 박수: 곤지곤지 짝짝, 잼 잼 짝짝, 곤지 짝 잼 짝, 곤지 잼 짝짝

계단 박수: 진행자가 층수를 말하다가 갑자기 높은 층과 낮은 층을 번갈아 말한다. 층수에 맞게 박수 치게 한다(3층 7층 1층 등).

시계 박수: 양손을 부치고 손바닥을 펴 시계추 모양으로 흔들다가 사회자가 3시 하면 혀를 세 번 차면서 박수 세 번 하고, 1시 하면 혀를 한 번 차고 박수 한 번 하다가 갑자기 진행자가 16시 하면 4번만 치면 되나 청중은 16번을 친다. 그러면 웃음이 터진다.

빨래 박수: 빨고 빨고 짝짝, 널고 널고 짝짝, 빨고 짝 널고 짝, 빨고 널고 짝짝

싱글벙글 박수: 양손으로 적당하게 동작을 만들어 싱글 싱글 짝짝, 벙글 벙글 짝짝, 싱글 짝 벙글 짝, 싱글벙글 짝짝

얼씨구절씨구 박수: 얼씨구 얼씨구(오른쪽 어깨 돌리면서) 짝짝, 절씨구 절씨구(왼쪽 어깨를 돌리면서) 짝짝, 얼씨구 짝 절씨구 짝, 얼씨구절씨구 짝짝

백 번 박수: 진행자가 **'백 번 박수 준비'** 하면 다 함께 '어쭈구리'(앗싸, 오 예), 다시 진행자가 **'백 번 박수 시작'** 하면 박수를 5번 짝짝 짝짝짝, 곱하기(손동작) 짝짝, 괄호 열고(손으로 괄호 모양) 짝짝(제곱을 표시하는) 한다.

치매예방 박수: ①가슴 앞에서 한 번, ②뒤통수에서 한 번, ③허리 뒤에서 한 번 박수 친다.

안마게임: 진행멘트-"오른쪽", "왼쪽" 번갈아 외치면서 주먹으로 옆사람에게 안마하기, 또는 손날 세워서 혹은 손바닥으로 등,

목을 안마할 것을 부탁한다.

"벙글벙글" 할 때는 왼쪽 분에게, "싱글싱글" 하면 오른쪽 분에게 겨드랑이 간지럼 하기와 "앞사람 엉덩이 만져 주기" 등이다.

훌륭한 자녀 키우는 법

첫째: 더불어 함께 사는 법,

둘째: 감사하며 사는 법,

셋째: 예의 바르게 사는 법,

넷째: 인내하며 사는 법,

다섯째: 정직하게 사는 법,

여섯째: 웃으며 사는 법.

등으로 이 중 가장 중요한 덕목은 항상 웃으며 사는 자녀로 키우기 위해서는 부모가 먼저 웃으며 사는 분위기를 조성하며 양육해야 한다.

웃음은 부모가 자녀에게 남겨 줄 수 있는 가장 소중한 유산이다.

쾌활하게 사는 법

첫째: 항상 행복한 것처럼 행동하라.

둘째: 아침에 행복 사진을 찍어라.

셋째: 어린이의 얼굴표정을 흉내 내어 보라.

넷째: 불행의 말을 삭제하고 행복한 말만 사용하라.

얼굴의 '**얼**'은 혼이 들락날락하는 '**굴**'이다. '얼굴은 마음의 창'이라는 말을 믿는다면 나의 아름다운 이미지를 갖기 위해서는 얼굴근육운동, 즉 얼굴 스트레칭을 꾸준히 해야 한다.

아토피 어린이 치료 웃음

1. 시간을 정해 온 가족이 함께 웃는다: 아침에 일어나자마자 "좋은 아침입니다!" 하고, 식사 전에는 "감사히 먹겠습니다!" 하며, 함께 '하하' 웃는 방법이다. 이렇게 정기적으로 웃다 보면 어느새 웃음이 습관화 될 수 있다.

습관이 되기까지 처음 한동안은 거미줄처럼 약하지만 일단 몸에 밴 후에는 쇠사슬 같은 구속력을 발휘한다. 한 송이씩 내리는 눈송이가 눈사태가 된다는 것을 기억하자.

2. 겨드랑이, 발바닥을 간지럽 태운다: 아이들과 신체적인 접촉을 하면서 웃는다는 것은 플러스 효과가 있다. 잘 웃지 못하는 아이에게 겨드랑이나 발바닥을 긁어 간지럼을 태우며 웃음을 유도한다.

특히 13세 이전의 아이에게 피부접촉을 많이 해 주면 정서적으로 안정되며, 옥시토신이라는 건강에 좋은 물질이 나온다. 헬렌피셔 교수는 "피부접촉이 부족하면 '마라스무스'라는 세포들이 죽어 가는 피부병이 생기는데 이는 인간의 피부가 마치 풀밭과 같아서 말초신경이 예민하다"고 한다.

3. 부모의 웃음이 아이를 치료한다: 질병은 마음속에 불안과 두려움이 함께 슬며시 오기 때문에 대부분의 사람들에게 웃음부터 빼앗아 간다. 불행과 스트레스도 웃음부터 앗아 간다는 것을 기억하자. 우리 몸이 두려움에 휩싸이면 면역력이 떨어지는 것은 당연하다.

신기하게도 아이들의 표정은 부모의 표정을 닮아 가기 때문에 아이들을 항상 웃게 하고 싶다면 부모가 먼저 웃어야 한다. 아무 때나 아이와 함께 웃다 보면 아토피는 어느새 다 나아질 것이다.

4. 시시때때로 껴안고 칭찬을 퍼붓는다: 부모가 건네는 칭찬은 아이들의 자존감을 높이며 기분을 좋게 만들어 줘 마음의 안정을 가져온다. 열등감이 많은 소극적인 아이일수록 부모는 더욱 칭찬과 격려, 사랑으로 포옹해 줘야 한다.

어린 자녀에게 가족의 따뜻한 체온을 느낄 수 있는 허깅(포옹)요법을 많이 하자. 엄마와 함께 정서공유능력이 많은 아이일수록 두뇌발달이 매우 좋다. 애기와 눈을 마주치며 어르고, 또는 '까꿍' 하고 말할 때 부모와 자녀 간의 공감능력이 생긴다.

용서의 배 띄우기

1. 용서하지 못하는 마음: 『사랑을 주면 웃음이 열린다』라는 책을 저술한 리잼폴스키 박사는 마음의 평화와 웃지 못하는 삶을 방해하는 것은 용서하지 못하는 마음이라고 한다.

2. 용서의 시간 갖기: 또한 리 박사는 하루를 시작하며 '5분 용서의 시간'을 가질 것을 권한다. 용서는 세상 그 누구도 아닌 온전히 나 자신을 위한 행동이며, 용서함으로써 내 자신이 자유롭게 되고, 진정한 마음의 평화를 갖게 되기 때문이다.

3. 용서에 필요한 요소: 얼마 전, 미국의 여성지에서 '행복한 가정을 이루기 위해서 부부간에 가장 필요한 요소가 무엇인가?'에

대하여 설문조사한 내용을 살펴보면,

첫째: 용서
둘째: 미소
셋째: 사랑

이라고 한다. 가정에서의 침묵은 가족 간에 금이 가는 시발점인 것을 알자.

4. 용서의 다른 이름, 사랑: 용서는 최고 지고지순의 또 다른 사랑이다. 용서는 부정적인 마음의 에너지를 '사랑'이라는 고차원적인 에너지로 전환시켜 주는 효과가 있다. 나에게 고통과 상처를 준 사람은 영혼의 스승으로 기억하자.

자연스런 표정의 스트레칭

이요셉의 하루 5분 운동법: 사람의 얼굴근육은 모두 80개로 사람의 생각을 반영하며, 얼굴근육 하나하나가 생각의 영향을 받아 시시각각 변화한다고 한다.

30대부터 굳기 시작한 얼굴근육은 밥 먹는 근육과 수다 떠는 근육만 남는다고 하며 특히 잘 안 웃는 사람의 얼굴근육은 더 빨리 굳는다고 한다.

얼굴근육은 신체의 다른 근육에 비해 노화가 빨리 나타나며, 표정은 내 마음을 보여 주는 거울이므로 자연스런 표정을 만들기 위해 꾸준히 노력해야 한다.

미소 지을 때 움직이는 근육은 15개, 찡그릴 때 근육은 43개이다.

해석의 명수가 웃음의 명수다: 같은 상황일지라도 두 가지로 해석한다. 나는 어떻게 해석을 하는가?

A. 실업률이 5%까지 올라갔다.
B. 취업률이 95%대로 낮아졌을 뿐이다.
A. 결혼한 세 쌍 중 한 쌍이 부부문제를 겪고 있으며 결국은 이혼한다.
B. 결혼한 세 쌍 중 두 쌍이 행복한 평생을 살아간다.
A. 공항에서 비행기 사고가 발생했다.
B. 공항에서 100대의 비행기 중에서 99대의 비행기가 안전하게 착륙했다.
A. 이 모 씨가 금일 84세 나이로 죽었다.
B. 이 모 씨가 84년 동안의 보람된 생을 마치고 오늘 별세했다.

상황해석의 기술은 간단하다: 상황을 해석하는 기술은 복잡한 것이 아니다. 복잡한 상황은 걸려 넘어질 걸림돌이 아니라 그것을 딛고 더 앞으로 나가라고 있는 것이다. 그 순간 그것은 디딤돌이 될 것이다.

상황이 발생하면 그것에 감정을 주지 말고 그저 상황으로만 받아들여야 한다. 가령 자신이 처한 상황을 최악의 상황과 비교하자.

예를 들면 교통사고가 났다면 최악의 상황과 비교하여 '죽지 않은 것이 얼마나 고마운가!'라고 해석 하는 것이다

부부싸움이 잦은가? 그러면 '이혼해서 외롭게 산다고 생각해 보자.' 그러면 상황 전환으로 말미암아 얻게 되는 유익한 결과가 얻을 수 있을 것이다.

최고의 언어는 언제 나오나?

즐겁고 행복할 때 나온다: 즐겁고 행복할 때 나오는 최고의 언어가 바로 웃음이다. 웃음은 나의 상황을 순식간에 즐거움으로 만드는 놀라운 기적을 창출한다.

월드컵 때 유행했던 "오! 필승 코리아"를 개작하여 "난 항상 즐거워 난 항상 즐거워 난 항상 즐거워 오 에 오 에 오"로 불러 보자.

학자들은 대부분 한 번의 긍정적인 생각에 열일곱 번 부정적 생각이 떠오른다고 한다. 사람의 뇌 속에 숨겨져 있는 긍정적인 단어가 24개인 반면, 부정적인 낱말은 18,000개라고 한다.

말이 신체에 미치는 영향: 언어학자가 발표한 것에 의하면 똑같은 말을 10,000번 정도 반복하면 현실로 이루어진다고 한다.

고구려 25대 평원왕의 딸 평강공주와 바보온달 이야기는 좋은 예이다. 어릴 때부터 유달리 많이 울어서 "넌 나중에 바보온달에게 시집보낼 거야"라는 말을 듣고 자란 공주는 결국 바보온달에게 시집갔다는 이야기다.

강철왕 데일 카네기의 외침: "나는 행복해, 나는 건강해, 나는 부자야!"라는 말을 수없이 외친 결과 놀라운 효과가 나타나 그는 결국 행복하고 건강한 인생을 살 수 있게 되었다고 한다. 말이 입 안에 있을 때는 내가 말을 지배하지만 말이 입 밖으로 나오면 말이 나를 지배한다. 행복단어, 긍정적인 단어를 살펴보자.

행복하다.
사랑해!
즐거워.
가능해.
기분 좋다.
최고야!
할 수 있어!
믿는다!
존경한다.
멋져!
어쩜 이렇게 예쁘지?
당신을 보면 살맛이 생겨!
힘내!

앞의 단어를 많이 사용하는 습관을 가지자.

'물은 답을 알고 있다' : 에모투 마사루는 말의 위력이 얼마나 강력한 지를 잘 알려 준다. 한 컵의 잔에는 "사랑해!"라고 말하고, 다른 잔에는 "바보야!", "에잇 짜증나!"라는 말을 반복적으로 말한 다음 물을 얼려 물의 결정체를 관찰했더니 "사랑해!"라는 말을 들은 물은 육각형의 아름다운 결정체로 변화한 반면에 "바보야!"라고 들은 물은 그 결정체가 깨졌다고 한다.

말이 중요한 이유: 우리 몸의 70%가 물로 이루어져 있기 때문에 내가 무심코 던지는 말 한 마디에 내 몸 안의 물은 즉각적으로 반응하고 나의 건강에 영향을 미친다는 사실을 기억하자.

말이 즐거우면 몸이 즐겁다: 이 원리를 기억하고, 나에게 최고의 말만 해 줘야 한다. 즐거운 말, 아름다운 말, 희망의 말들을 스스로에게 선사하는 것이 곧 지혜다.

웃음은 가장 빛나는 기쁨의 언어이며 행복한 언어이기 때문이때문에 말이 즐거우면 몸이 즐겁다. 그러므로 어떤 상황에서도 웃을 수 있을 때 우리의 삶의 질은 높아진다. 세상에는 항상 웃을 일만 있는 것은 아니다. 그럼에도 불구하고 웃어야 한다. 왜냐하면 웃어야만 상황을 반전시킬 수 있기 때문이다.

좋은 습관 만들기

좋은 말, 즐거운 말

"거 잘됐군요."

"힘내세요!"

"괜찮아, 괜찮아."

"어려운 일이 아니야."

"해 볼 만하겠는데."

"그래, 맞아."

"그래, 잘됐군요."

"당신을 보니 기분이 좋아요!"

"멋져요!"

내가 사용하는 말은 나의 자아상을 형성하는 하나의 틀이다. 내가 한 말이 나를 만들고 또한 다른 누군가에게도 영향을 미치게 한다.

자녀에게 해 주어야 하는 말

"너는 나아질 거야!"
"나는 네가 틀림없이 잘될 거라 믿어!"
"다 잘되고 있어!"
"너는 건강해, 멋있어!"
"어떤 일이 있어도 난 너를 믿어!"
"당연히 넌 그것을 할 수 있어!"
"넌 지금 이대로도 정말 훌륭해!"
"이야, 넌 최고야!"
"너만 생각하면 행복해!"
"너는 나의 기쁨이야!"
"힘내!"
"너는 우리 집 보배야!"
"너만 보면 기분이 좋아져."

"네가 태어난 것은 최고의 선물이야!"

"너는 나의 살아가는 이유야."

"너는 나의 자랑이야."

"너의 존재 자체가 복덩이야."

"너는 최고의 걸작이야!"

부모들이 이렇게 긍정적이고 적극적인 언어를 사용할 때 자녀들의 사회생활과 인간관계에도 좋은 이미지를 남기게 된다.

세로토닌의 체내 활성화

건강을 가져오는 행복호르몬인 **세로토닌**을 체내에 활성화시킬 때 우리 몸이 건강해지게 되는데 무엇을, 어떻게, 얼마나 해야 하는지 알아보기로 하자.

첫째, 무엇을 먹느냐?: 아미노산이 함유된 양질의 등 푸른 생선, 콩류, 우유, 달걀, 살코기 등의 단백질 음식을 많이 먹는다.

음식은 30번 씹는 습관을 갖는다. 한 끼 식사시간은 20~30분 동안 천천히 먹는다. 특히 다이어트를 위해서는 반드시 천천히 먹는다.

둘째, 어떻게 행동하나?: 반듯한 자세로 걸으며 산책을 한다. 하루 30분 정도 걷는 습관을 갖는다. 내리막길보다 오르막을 많이 걸으면 허벅지근육이 튼튼해진다.

셋째, 어디에 사느냐/있느냐?: 자연을 많이 접한다. 가끔은 일상에서 벗어나 평소 듣지 못하던 자연의 소리를 듣는다.

넷째, 어떤 마음을 갖느냐?: 사랑하는 마음을 갖는 것은 최선의 결과를 가져다 준다.

다섯째, 얼마나 비우느냐?: 배 속을 얼마나 비우느냐가 중요하듯이 마음 역시 얼마나 비우는가 하는 명상이 필요하다.

여섯째, 얼마나 머리를 쓰느냐?: 공부를 하자. 지적인 활동을 지속적으로 할 때 세로토닌이 활발하게 작용한다.

일곱째, 숙면을 취하자.

사랑의 호르몬 축제: 특히 사랑에 빠지면 몸 안에 호르몬의 축제가 벌어진다. 첫눈에 반하게 하는 페닐에틸아민을 비롯하여 엔도르핀, 아드레날린, 노르아드레날린, 코르티솔, 도파민, 옥시토신, 바소프레

신, 코르티솔, 세로토닌, 다이도르핀 등의 호르몬이 체내에서 생성되는 놀라운 변화가 일어난다(마르코 라울란트의 『호르몬은 왜』에서).

웃음이 주는 행복

영국 속담에 행복하려면?

하루가 행복하려면 이발을 하고
일주일이 행복하려면 여행을 하며,
한 달이 행복하려면 집을 짓고,
일 년이 행복하려면 결혼을 하라고 한다.
그러나,
평생 행복을 위해서는 웃으며 사는 것이다.

웃음은 즐거운 감정을 갖게 하는 특효약이며, 자신감의 표현이다.

큰 사랑을 만드는 곳: 가정은 적은 대화들이 모여 큰 사랑을 만드는 '행복충전소'이다. 특히 부부는 친구와 같은 존재로 인디언 속담에 친구는 '슬픔을 등에 지고 가는 존재'라고 한다.

부부는 끝까지 가야 하기에 둘만의 행복을 위해서는 평생 유머감각을 키워 나가야 한다. 꾸준히 노력하다 보면 어느새 행복한 부부가 되어 있을 것이다.

결혼, 이혼, 재혼 무슨 생각에?

분별력을 상실하면 결혼을 하게 되고,
인내력을 상실하면 이혼을 하고,
기억력을 잃으면 재혼을 하게 된다.

결혼생활은 부부 사이의 사랑과 믿음 그리고 존중의 마라톤 여정이다.

노후의 행복 세로토닌

이시형 박사의 세로토닌: '우리 몸과 세로토닌과의 관계'에서 말하기는 건강한 노후를 위해서 행복 호르몬인 세로토닌이 많이 분비되도록 생활하는 것이 지혜다.

세로토닌 호르몬은 일명 생리적 호르몬, 혹은 본능적 호르몬이라고 하며, 본능적인 것은 우리를 즐겁고 행복하게 한다. 즉 먹고 싶다, 자고 싶다, 사랑하고 싶다 등이다.

건강한 신체를 만드는 세로토닌: 화가 나고 놀랄 때, 공격적이 될 때 생기는 호르몬은 아드레날린이다. 심장의 화가 뇌세포를 죽는 것이라면, 쾌감과 즐거움을 느낄 때 생기는 것은 엔도르핀이다.

이시형 박사의 연구에 의하면 엔도르핀은 의존성과 중독성이 있는 것이 약점이며, 엔도르핀보다 더 유익한 세로토닌 호르몬을 많이 분비해야 하는데 세로토닌 호르몬은 목 뒤쪽의 뇌간에서 분비한다고 한다.

스트레스를 격감하는 세로토닌: 이것을 기억하자. 스트레스를 많이 받으면 체온이 떨어짐과 동시에 면역력이 약해지며, 염증체질이 된다.

장수의 비결

1. 가족, 이웃, 동료 간에 인간관계가 좋다.
2. 보약보다 근육단련을 위해 많이 움직인다.
3. 환경과 분위기 등에 적응력이 뛰어나다.
4. 감탄을 많이 한다. 예를 들어,
   음식을 먹으며 "아따 맛있구먼!",
   얘기를 들으며 "아따 재미있구먼!"
   등의 추임새를 많이 한다.
5. 성내지 않고 마음을 너그럽게 갖는다.
6. 규칙적이고 절제된 생활을 한다.

유쾌하게 나이 드는 십계명

1. 일일이 알려고 하지 마라.
2. 이것저것 간섭하지 마라.
3. 삼삼오오 어울려 즐겨라.
4. 사생결단 하지 마라.
5. 오기를 부리지 마라.
6. 육체를 많이 움직이라.
7. 70%만 만족하라.
8. 팔자려니 생각하라.
9. 구질구질하게 살지 마라.
10. 10%는 남에게 베풀어라.

아름답게 늙는 지혜

1. 혼자 지내는 습관을 가져라.
2. 남이 나를 보살펴 주기를 기대하지 마라.
3. 남이 무엇인가 해 줄 것을 기대하지 마라.
4. 무슨 일이든 자기 힘으로 하라.
5. 죽는 날까지 일거리를 가져라.
6. 젊었을 때보다 더 많이 움직여라.
7. 당황해하거나 성급해하거나 뛰지 마라.
8. 체력, 기억력이 왕성하다고 뽐내지 마라.
9. 일찍 자고 일찍 일어나는 버릇을 길러라.
10. 나의 괴로움이 제일 크다고 생각하지 마라.
11. 편한 것 찾지 말고 외로움을 만들지 마라.

12. 냉정히 대하더라도 화내지 마라.

13. 자손들이 무시해도 심각히 생각 마라.

14. 친구가 먼저 죽어도 지나치게 슬퍼 마라.

15. 취미생활과 봉사생활을 하라.

16. 일하고 공치사를 하지 마라.

17. 모든 일에 감사하는 마음을 가져라.

18. 마음과 다른 인사치레는 하지 마라.

19. 칭찬하는 말도 조심해서 하라.

20. 청하지 않으면 충고하거나 참견하지 마라.

21. 몸에 좋다고 아무 약이나 먹지 말고 권하지 마라.

22. 의사에게 정확히 말하고, 겉과 속이 다른 표현을 하지 마라.

23. 어떤 상황에도 남을 헐뜯지 마라.

24. 같이 사는 자부나 딸을 더 중히 생각하라.

25. 잠깐 만나 하는 말을 귀에 두지 마라.

26. 할 수 없는 일은 시작도 하지 마라.

27. 스스로 못 돌볼 동식물을 기르지 마라.

28. 사진, 감사패, 내 옷은 정리하고 가라.

29. 후덕해지려면 돈을 베풀어라.

30. 돈만 주면 다 된다는 생각은 하지 마라.

31. 일을 시킬 때는 자손보다 전문가를 쓰라.
32. 일을 시키고 잔소리하지 마라.
33. 외출할 때는 항상 긴장하라.
34. 젊은 사람 가는 데 동행하지 마라.
35. 여행지에서 죽어도 좋다고 생각하라.
36. 이사나 대청소할 때는 자리를 피해 줘라.
37. 음식은 소식하라(小食, 蔬食, 素食).
38. 방문을 자주 열고 샤워를 자주 하라.
39. 몸을 단정히 하고 항상 화장을 하라.
40. 구취, 체취에 신경 써라.
41. 옷차림은 밝게, 속옷은 자주 갈아입어라.
42. 늙음을 자연스럽게 생각하라.
43. 인간답게 죽는 모습을 보여 줘라.
44. 자살은 자식에 대한 배반이라고 생각하라.
45. 한번 했던 소리 또 하지 마라.
46. 늘 감사하고 또 감사하라.
47. 늘 기도하고, 또 기도하라.

치매예방 십계명

1. 적절히 독서를 하라.
2. 충분한 휴식과 수면을 취하라.
3. 즐겁게 웃으며 더불어 살아라.
4. 손을 정밀하게 사용하고 많이 움직여라(뜨개질, 종이접기, 공작, 만들기 등).
5. 봉사활동을 많이 하라.
6. 오감작용을 많이 하라.
7. 좌뇌와 우뇌를 동시에 많이 써라.
8. 스트레스를 받지 마라.
9. 뇌 손상을 피하라.
10. 자연을 접하라.

치매예방 손가락 운동

노래하며 하는 손가락 운동: 짧은 노래를 부르며 두 손으로 손가락 운동을 한다.

엄지는 도, 검지는 레, 중지는 미, 약지는 파, 끝지는 솔

1. **떴-다 떴다 비행기** 날아라 날아라 떴다 떴다 비행기 높이 날아라'

미레도레 미미미 레레레 미솔솔 미레도레 미미미 레레 미레도

2. **산-토끼 토끼야** 어디를 가느냐 깡충깡충 뛰면서 어디를 가느냐'

미미미 솔미도 레미레 도미솔 도솔도솔 도솔미 솔레파 미레도

두 손으로 하는 손가락 운동: 두 손의 손가락을 모두 붙여서 엄지끼리 오른쪽 다섯 번 돌리고 왼쪽 다섯 번 돌린다. 검지끼리, 중지끼리, 끝 손가락끼리, 맨 나중에 약지끼리 천천히 하다가 점점 빠르게 한다.

제2장

웃음을 만드는 놀이

레크리에이션 강사 수칙

1. 시간운영: 사회자는 즐길 시간이 30분인지 한 시간 동안인지 먼저 시간을 확인한 다음 분위기가 지루하지 않도록 신속하게 진행하고 마치는 것을 항상 유념한다.

2. 칭찬하라: 칭찬은 고래를 춤추게 하고 유머는 고래를 웃게 한다.

"나는 최고야! 나는 최고야! 나는 최고야!"

(엄지손가락 세워)

"너는 최고야! 너는 최고야! 너는 최고야!"

(손바닥 펴서)

"우리는 최고야! 우리는 최고야! 우리 모두는 최고야!"(두 손 높이 쳐들며)

세 살짜리 아이처럼 마주 보며,

"우리 모두 바보가 됩시다. 방가방가"

"우리 모두 바보처럼 됩시다. 오바!"

"헤헤헤~~~ 옆 사람을 때리며 하하하~~"

타고난 얼굴이 관상이라면 인상은 내가 만든 얼굴이다. 얼굴경영은 나의 인생을 경영하는 것이다. 경호원들은 0.3초 만에 그 사람을 파악하는 능력을 가져야 된다고 한다.

3. 분위기를 띄워라: 사회자의 한 마디 한 마디가 분위기를 좌우한다는 것을 기억하여 사전에 충분한 준비(Roll playing)를 해야 한다.

1) 먼저 자연스럽게 청중의 주의집중을 위해서 음성은 작게 크게 변화를 주며 유머퀴즈를 준비하여 진행한다.
2) "박수 한 번", 혹은 "박수 세 번"을 외쳐 청중으로 하여금 집중하게 한다.
3) "옆 사람과 손잡아 보세요." "당신을 만나니 밥맛(살 맛)이 생깁니다."

4. 액션 메시지: 언어학자에 의하면 상대방과 대화를 나눌 때 말의 내용이 7%, 눈빛과 제스처는 55%, 그리고 말투는 38%를 전달한다고 한다.

두 사람이 마주 보고 웃으며 "이 바보야", 그리고 화난 얼굴로 무표정하게 "반갑습니다"라는 말을 들은 후 느낌의 결과를 묻는다면 그 사실을 인정할 것이다.

레크리에이션의 실제

1. 스킨십게임: 시작하기 전 먼저 콩을 다섯 개씩 나누어 준다. 서로 악수를 하면서 콩을 소모시키는 게임으로 다섯 번째 악수한 사람에게 콩을 하나씩 건넨다. 자신도 상대방에게 콩을 받는다. 서먹서먹한 분위기를 깰 수 있다. 콩을 모두 소모시킨 사람이나 가장 많이 가지고 있는 사람을 앞으로 불러 시상 혹은 벌칙을 준다. 이때는 정직성을 강조한다.

2. 관찰게임: 두 사람씩 짝을 짓고 서로 눈을 보며 30초간 서 있게 한다. 그리고 뒤로 돌아 A에게는 상대가 모르게 자신의 상태를 세 군데 정도 변화를 주라고 지시한다. B는 이 사실을 모른 채 뒤돌아서 있다.

그리고 다시 돌아서서 B에게 A의 달라진 점을 찾아보게 한다. 이번에는 다른 방법으로 바뀐 모습을 찾을 예정이라고 알려 준 후 찾으라고 한다. 먼저 한 게임에서는 찾지 못하던 것을 다른 방법에서는 신기할 정도로 잘 찾아낸다.

3. 발음훈련

1) 중앙청 창살 쌍창살, 검찰청 창살 철창살
2) 작년 솥 장사 헛솥 장사, 금년 솥 장사 새 솥 장사
3) 대우 노얄, 뉴 노얄
4) 간장 공장 공장장은 강 공장장이고, 된장 공장 공장장도 강 공장장이다.
5) 저기 있는 저분이 박 법학박사이고, 여기 있는 이분이 백 법학박사이다.
6) 저기 있는 저 말뚝이 말 맬 말뚝이냐, 말 못 맬 말뚝이냐?
7) 대공원의 벚꽃놀이는 낮 봄 벚꽃놀이보다 밤 벚꽃놀이가 좋다.
8) 내가 그린 구름그림은 새털구름 그린 그림이고, 네가 그린 구름그림은 솜털구름 그린 그림이다.

진행방법: 전체를 대상 혹은 무대 게임으로 진행한다. 전체를 대상으로 할 경우는 사회자의 지시로 발음 연습을 한 다음 그중 잘 되는 사람 중에서 지원자를 청하여 앞으로 부른다.

무대게임을 할 경우에는 보통 2~5명 정도가 적당하며 사회자가 먼저 빠르게 발음을 한 후에 바로 참가자에게 할 수 있도록 한다.

4. 반대로 말하기

칙칙폭폭-폭폭칙칙, 칙폭칙폭-폭칙폭칙

엉엉꽥꽥-꽥꽥엉엉, 하늘-땅

싱글벙글-벙글싱글

5. 입으로 가위바위보(짝지어)

가위: 입을 삐죽이며 아~,

바위: 입 오므리고 쑥 내미는 음~,

보: 입을 크게 벌리는 시늉으로 하~

하여 놀이하면 또 다른 재미를 볼 수 있다.

6. 발가락 가위바위보(앉아서)

가위: 엄지발가락만 세우고 나머지는 오므린다.

바위: 발가락 모두를 최대한 오므린다.

보: 발가락을 최대한 쫙 편다.

7. 발 가위바위보(서서)

가위: 오른발 앞에, 왼발 뒤에

바위: 양발을 좌우로

보: 양발을 모은다.

8. 두 팀 나누어 다 함께 소리치며

"설까 말까 설까말까설까말까 제로에서 5(숫자는 인원수에 맞게)까지" 외치면서 "가위바위보" 하여 술래를 정한 다음,

상대팀에서 "3" 하고 소리치면 세 번째 앉은 사람은 앉아 있고 좌우에 앉은 사람들이 일어서야 하며, 세 번째 사람이 서면 진다. 진 팀을 바꿔서 다시 반복해도 좋다.

사회자는 각 팀의 인원수에 따라 "2, 4, 6" 등으로 진행하면 더 역동적인 놀이가 된다.

9. 이름 익히기

하나 둘 셋 넷에 구령하면서 처음 셋에 자기 성, 넷에는 자기이름을 반복하다가, 다음에는 셋에는 자기 이름 넷에는 상대 이름을 부른다.

처음에는 천천히 하다가 점차 빠르게 변화를 준다.

그룹 모으기

1. 원으로 앉아(서서) 진행할 경우: 노래를 부르면서 인원을 적당하게 3, 5, 7 혹은 안경 낀 사람(치마 입은 사람, 머리 긴 사람) 등으로 숫자를 가감하면 재미있다. 노래는 짧은 동요가 적당하다.

[예] 다 함께 노래합시다, 송아지, 내 모자 세모났네, 내 양말 빵구났네, 사과 같은 내 얼굴 예쁘기도 하지요 눈도 빤짝 코도 빤짝 입도 빤짝 빤짝, 모자와 양말을 노래할 경우에는 단어에 맞는 동작을 하면서 한다.

박수를 치면서 헬로 헬로 핼로 핼로 아이참 반갑습니다 아이 참 반갑습니다. 처음 헬로로 부른 다음 핼로 대신 옆 사람 이름 부르며 노래를 하면 쉽게 이름을 익힐 수 있는 방법이다.

2. 팀 대항일 경우: 팀 리더를 정하고 팀명을 짓게 한 다음, 하나 둘 셋 넷 소리치면서, 셋은 자기 팀 명 넷은 상대 팀 명을 합창한다.

[**예**] 팀명은 새 혹은 꽃 이름 짓기, 통 자 넣기(먹통, 똥통, 깡통 등)를 간단하게 정하여 하는 게임으로 팀의 단합을 이룬다. 이때 천천히, 빠르게 반복하면 박진감과 흥미를 더하게 된다.

3. 무릎을 치면서: 아이 엠 그라운드(I am ground) 이름 대기를 한다.

[**예**] 나라이름 혹은 생선이름, 동물이름, 운동이름, 책이름 등을 말하는데 진행하다가 이름이 생각나지 않으면 바로 아이 엠 그라운드 하면서 다른 이름으로 바꾸면서 한다.

팀 짜기 게임

1. 팀 짜기: 노래를 부르며 둥글게 원을 만든 후 사회자 지시에 따라 5명, 7명 등 팀을 만든다. 혹은 같은 성씨끼리, 안경 낀 사람, 같은 색 옷 입은, 남자 한 명에 여자 5명, 치마 입은 사람 포함하여 7명 등 팀을 나누어 팀별로 자리를 정한다.

2. 팀 조직하기: 팀 대항을 위해서 팀장, 총무 뽑는다. 이때 가능한 재미있는 이름을 정한다.

3. 팀별 게임: ①세 박자 게임: 세 박자에 상대팀 이름만 부른다. ②네 박자 게임: 세 박자에 자기 팀 이름을 부르고, 네 박자에 상대팀 이름을 부른다.

각 팀 대항 게임

1. 촌극대회: 촌극의 주제는 사회자가 제시한다.

[**예**] 심청전, 춘향전, 흥부전, 솔로몬 재판, 삭개오 이야기, 다윗 골리앗, 돌아 온 탕자 등 여러 가지 소재들을 가지고 만들어 볼 수 있다.

2. 퀴즈대회

- 부활장? **답:** 고린도전서 15장
- 믿음장? **답:** 히브리서 11장
- 사랑장? **답:** 고린도전서 13장
- 성령의 열매는 모두 몇 개? **답:** 9개
- 창세기는 모두 몇 장? **답:** 50장

- 성경 첫 절? **답:** 태초에 하나님이 천지를 창조하시니라.
- 살전1:3절 **답:** 믿음의? 역사, 사랑의? 수고, 소망의? 인내
- 최초의 동물원 이름? **답:** 노아 방주
- 졸다가 죽은 사람? **답:** 유두고
- 공기보다 가벼운 사람? **답:** 에녹, 엘리야
- 제일 오래 산 사람? **답:** 969세 무두셀라
- 성경 살인자? **답:** 가인－아벨, 모세－애급인, 요압－압살롬
- 후손이 제일 많은 사람? **답:** 아담

3. 풍선 터트리기: 대표를 뽑아서 짝지어 한다. 부부간, 형제나 자매끼리 하는 게 좋다. 방법은 ①가슴에 끼고, ②엉덩이로 터트리기, ③발목에 메어 터트리기 등으로 할 수 있다.

4. 짝지어 세 박자로 대답하기: 사회자의 억양, 속도에 맞추어, 아빠－엄마, 이몽룡－성춘향, 흥부－놀부, 평화－전쟁, 작은방－큰방, 봄－가을, 알파－오메가, 하늘 천－따 지, 마리아－요셉, 이수일－심순애, 아담－하와 등

5. 반대말 이어 가기: 키다리－난쟁이, 뚱뚱보－말라깽이, 여자－남자, 주인－손님, 안방－사랑방, 겨울－여름, 동양－서양, 하수도－상수도, 좁은 길－넓은 길, 아들－딸

6. 제일 모시기: 제일 키 큰 분 모시기, 작은 분 모시기, 못난이, 엉덩이가 제일 큰 분, 입이 제일 큰 분 등을 적용하여 모시기, 그리고 입이 가장 큰 분을 미스 아가리 당첨하여 시상한다.

7. 데이트 소개하기: 두 팀 나누었을 경우 모르는 사람과 한 사람씩 짝을 정한 후 20~30분 후 모두 집합하여 상대방 소개 시간 가진 다음 가장 잘 소개한 팀에게 시상한다.

8. 분위기 조성하기: 노래 부르며(박수를 치기도) 분위기를 조성한다. 당신만 사랑합니다. (의지합니다, 믿고 싶어요.) 당신만 사랑합니다. 당신만을 당신만을 언제나 사랑합니다.

9. 기차놀이: 두 사람을 정하여 집을 짓게 한 후 다른 사람들은 노래를 부르면서 한 바퀴 돈 다음에는 또 다른 두 사람에게 집을 짓게 하는 등 번갈아 가며 놀이한다.

10. 과일 길게 깎기 대항: 한 사람씩 혹은 팀원의 깎은 과일 껍질을 줄 세운다.

11. 얼굴 그리기: 눈 감고 한 사람씩 나와서 사람 얼굴을 그린다. 준비물은 큰 종이, 색연필 등이며 또 다른 방법인데, 윷놀이로 할 경우에는 아래와 같다.

도가 나오면 눈 그리고
개가 나오면 귀,
걸이 나오면 코,
윷이 나오면 머리카락,
모가 나오면 한 번 지울 수 있는 기회를 주어 마지막에 잘 그린 사람에게 벌칙을 준다.

벌칙 주기 방법

1. 권투시합
2. 서양(동양)춤
3. 에어로빅
4. 양손 무거운 짐을 들고 등이 가려운 표정
5. 아나운서
6. 응원
7. 미스 코리아 입장
8. 미스터 코리아 입장
9. 코끼리 코 잡고 3바퀴 빙빙 돌다가 엉덩이로 이름 쓰기

제3장

재미있는 퀴즈와 유머

착각(난센스) 퀴즈

1. 플라스틱에 털 난 것? **답:** 칫솔
2. 놀부의 여동생 이름은? **답:** 놀자, 놀녀, 놀숙
3. 그렇다면 남동생 이름은? **답:** 흥부
4. 노처녀가 갖고 싶은 책? **답:** 시집
5. 노처녀가 갖고 싶은 차? **답:** 유모차
6. 소가 몰려가는 나라? **답:** 우간다
7. 항상 흑심만 품고 있는 것? **답:** 연필
8. 물에서 나와서 물에서 죽는 것? **답:** 소금
9. 물가상승과 관계없이 깎아 주는 곳? **답:** 이발소, 미용실
10. 제일 높은 변소? **답:** 공중변소
11. 남이 들으면 남사고 우리끼리면? **답:** 우사고

12. 할아버지 발은 크다를 넉 자로? **답:** 노발대발

13. 수탉 이름은? **답:** 꼬꼬댁

14. 낮이 없는 나무? **답:** 밤나무

15. 가장 빠른 개? **답:** 번개

16. 눈 깜짝할 사이 돈 버는 사람? **답:** 사진사

17. 옷 벗기를 좋아하는 사람? **답:** 수영선수

18. 귀에 걸면 귀걸이 코에 걸면 코걸이, 입에 걸면? **답:** 마스크

19. 세상에서 가장 빠른 새? **답:** 눈 깜짝할 새

20. 한글을 깨친 아들이 소학교를 입학하여 첫 국어시험을 0점 받은 이유? **답:** 다 안다.

21. 법적으로 바가지요금을 받아도 되는 사람? **답:** 바가지장사

22. 다른 경쟁자에게 등을 보여야 이기는 경기? **답:** 달리기

23. 가장 재수 없는 교통사고? **답:** 쓰레기차 피하다 똥차에 친 것

24. 사람 몸 중 가장 짠 부위? **답:** 장딴지, 염통, 간장

25. 때려야만 사는 사람? **답:** 권투선수

26. 입시 경쟁이 가장 센 대학? **답:** 와세다 대학

27. 오줌과 똥 중 어느 것이 먼저 나오나? **답:** 급한 것

28. 사람이 평생 가장 많이 하는 소리? **답:** 숨소리

29. 수많은 사연을 가방에 넣어 가지고 다니는 사람은? **답:** 집배원

30. 실없는 사람에게 있으나 마나 한 것은? **답:** 바늘

31. 사과는 언제 따는 게 좋지? **답:** 주인 없을 때

32. 못 올라갈 나무는 어떻게 올라가나? **답:** 사다리 놓고

33. 세상에서 가장 아름다운 날은? **답:** 今日(오늘)

34. 세상에서 가장 쉬운 일은? **답:** 잘못 생각하는 것

35. 세상에서 가장 나쁜 패배는? **답:** 용기를 잃는 것

36. 세상에서 제일 큰 코? **답:** 멕시코

37. 뛰는 놈 위에 나는 놈, 나는 놈 위에는? **답:** 붙어 가는 놈

38. 남성뿐인 동물? **답:** 고추잠자리

39. 여자 없이 못사는 사람? **답:** 산부인과 의사

40. 죽어야만 사는 사람? **답:** 장의사

41. 잘라먹고 사는 사람? **답:** 이발사

42. 볶아 먹고 사는 사람? **답:** 미용사

43. 대머리의 얼굴 범위는? **답:** 세수할 때 물이 묻는 곳의 끝

44. 엿장수는 하루에 가위질을 몇 번 하나? **답:** 엿장수 맘대로

45. 형과 동생이 싸우는데 동생 편만 드는 이런 세상은?
답: 형편없는 세상

46. 가장 기분 좋고 황홀한 춤은? **답:** 입맞춤

47. 피가 나야 좋은 것은? **답:** 고스톱

48. 진짜 문제투성이인 것은? **답:** 시험지

49. 세 사람이 탈 수 있는 차는?(한자로) **답:** 인삼차

40. 중고등학생이 타는 차는? **답:** 중고차

41. 남자가 여탕에 들어갔을 때 해당되는 죄명은?
답: 불법무기소지죄

42. 옷이 모두 벗겨져서 알몸으로 단물만 모두 빨아 먹히고 버려지는 것은? **답:** 껌

43. 다리 사이에 축 늘어져 있기도 하고, 빳빳하게 서 있기도 하며, 길이도 길고 짧은 것 등 여러 가지가 있는 것은? **답:** 꼬리

44. 국어 시험시간 미닫이를 소리 나는 대로 적으시오. **답:** 드르륵

45. 넣을 때의 설렘, 흔들 때의 즐거움, 뺄 때의 아쉬움~ 나는 뭘까요? **답:** 저금통

46. 하늘이 파란 이유는? **답:** 구름이 없기 때문에

47. 바닷물이 왜 짤까? **답:** 물고기들이 땀을 많이 흘려서

48. 새끼를 낳을 때마다 인사하는 동물? **답:** 하이에나

49. 중국에서 프러포즈하면 왜 안 되나? **답:** 차이나

50. 한 번 베어 먹은 사과? **답:** 파인애플

51. 미국에 간 선비가 넘어져서 망가트린 물건? **답:** 오 마이 갓

52. 하늘의 달보다 바다에 비친 달이 크게 보이는 이유는?

답: 물에 불어서

53. 하늘에 별이 없는 현상은? **답:** 별 볼 일 없다.

54. 문어의 다리와 손 발을 구분하려면?

답: 망치로 문어 머리 때려 올라오는 부분이 손이다.

55. 간장, 소금, 참기름 셋이서 고스톱을 치면 누가 이길까?

답: 참기름이 계속 진다. 소금과 간장이 짜고 쳐서

56 참기름과 라면이 싸웠다. **답:** 라면이 경찰서에 잡혀 갔다. (참기름이 고소해서)

57. 일주일 뒤에 참기름이 다시 경찰서에 잡혀갔다.

답: 라면이 불어서

58. 아몬드가 죽으면 뭐가 될까? **답:** 다이아몬드

59. 선악과를 먹지 말라고 한 이유? **답:** 농약 때문

60. 새우가 고래 등에 앉아서 한 말? **답:** 자기 애 갖고 싶어.

61. 제일 짠 사람은? **답:** 롯의 아내

62. 1대 천하장사? **답:** 야곱

63. 성경에 연애한 사람? **답:** 아담, 야곱, 삼손, 다윗

64. 짝사랑한 사람? **답:** 보디발의 아내(요셉), 세겜(디나), 암논(다말)

65. 모세가 홍해를 가를 때 오른손, 왼손 중 어느 손을 사용했는가?

답: 지팡이

66. 구약과 신약 사이에 있는 것은? **답:** 과

67. 버스가 급정거하여 다친 경상도 할머니가 한 말? **답:** 쪽팔리네.

68. 빵구를 세 자로 표현하면? **답:** 똥트림

69. 빵구를 8자로 표현하면? **답:** 쌍바위골의 아우성

70. 빵구를 12자로 표현하면? **답:** 내적 갈등에 의한 외적 폭발음

71. 남녀가 한방에 있는데 부인이 노크를 하는데 "빨리 벗어" 소리치는 소리가 들렸다 왜 그랬을까?
답: 남자직업이 화가, 산부인과 의사

72. 청개구리의 울음소리는? **답:** 골개골개

73. 허수아비의 아들 이름? **답:** 허수

74. 노래자랑에서 합격한 사람은? **답:**딩동댕

75. 씨암탉의 천적? **답:** 사위

76. 닭의 천적은? **답:** 지네

77. 가장 날씬했던 왕비? **답:** 갈비

78. 가장 사치스러웠던 왕비? **답:** 낭비

79. 사람들을 괴롭혔던 왕비? **답:** 시비

80. 길을 가장 잘 찾는 왕비? **답:** 내비

81. 아파트 단지에 재취업한 왕비는? **답:** 경비

82. 빨리 모이를 먹는 닭은? **답:** 후다닥

83. 행동이 빠른 닭은? **답:** 파다닥

84. 가장 비싼 닭은? **답:** 코스닥

85. 섹시한 닭은? **답:** 홀라닥

86. 치과의사가 싫어하는 사람? **답:** 이 없으면 잇몸으로 사는 사람

87. 산부인과 의사가 싫어하는 사람? **답:** 무자식이 상팔자라는 사람

88. 변호사가 싫어하는 사람? **답:** 법 없어도 사는 사람

89. 노래강사가 싫어하는 사람? **답:** 팔짱하고 따라하지 않는 사람

90. 착한 사자 이름은? **답:** 자원봉사자

유머 시리즈

1. 아내의 남편 시리즈

- 남편밖에 모르는 여? 한심한 여
- 남편 외에 한 명이 더 있는 여? 양심 있는 여
- 남편 외에 두 명이 더 있는 여? 세심한 여
- 남편 외에 세 명 이상 더 있는 여? 열심히 사는 여

2. 간 큰 남자 시리즈

- 20대 – 밥상에 앉아 반찬 투정하는 남
- 30대 – 식탁에 앉아 밥 차려 달라고 소리치는 남

- 40대 – 외출하는 아내에게 어디 가느냐고 행선지 묻는 남
- 50대 – 아내 야단 듣고 말대답하거나 눈을 똑바로 뜨고 쳐다 보는 남
- 60대 – 퇴직금 어디 썼느냐고 묻는 남
- 70대 – 외출하는 아내에게 같이 가자고 조르는 남
- 80대 – 아침에 눈뜬 남 혹은 그 나이 될 때까지 수발들게 하는 남

3. 소심남 시리즈

- 30대 – 매월 카드대금 청구서가 도착할 때
- 40대 – 아내의 샤워 소리가 날 때
- 50대 – 아내가 곰국을 끓일 때(며칠이고 놀다 올까봐)
- 60대 – 아내가 여행 가자고 할 때(여행 가서 안 데리고 올까 봐)

4. 얄미운 여자 시리즈

- 30대 – 많이 먹는데도 살 안찌는 여
- 40대 – 자기는 공부 못했는데 자녀들은 일류대에 합격한 여

- 50대 – 얼굴도 못났는데 애인이 있는 여
- 60대 – 남편이 돈 많이 벌어 놓고 죽은 여

5. 남자와 개의 공통점은?

- 자주 놀아 줘야 한다.
- 때맞춰 밥 줘야 한다.
- 복잡한 말은 못 알아듣는다.

6. 밀린 여

- 가방 끈 긴 년은 이쁜 년한테 밀리고,
- 이쁜 년은 남편 잘 둔 년한테 밀리고,
- 남편 잘 둔 년은 자식 잘 둔 년한테 밀리고,
- 자식 잘 둔 년은 건강한 년한테 밀리고,
- 건강한 년은 세월한테 밀린다.

7. 어떤 고추가 좋은가?

- 고추가 크고 매우면 **금상첨화**
- 고추가 크고 안 매우면 **유명무실**
- 고추가 작고 매우면 **천만다행**
- 고추가 작고 안 매우면 **설상가상**

8. 무엇이 흔들리나?

- 남자가 뛸 때 가운데 하나가 흔들리는 것은? **넥타이**
- 여자가 뛸 때 두 개가 흔들리는 것은? **귀걸이**

9. 남자는 무슨 불?

- 10대: 부싯돌 – 불꽃만 일어난다.
- 20대: 성냥불 – 쉽게 켜졌다가 쉽게 꺼지니까.
- 30대: 모닥불 – 붙기는 어려워도 한번 붙으면 끄기가 어려우니까.
- 40대: 라이터불 – 필요할 때만 꺼내 쓰고 집어넣으니까. / 연

탄불 - 겉으로 보면 그저 그래도 은은한 화력을 자랑한다.

- 50대: 화로불 - 꺼진 줄 알고 뒤져 보면 아직 불씨가 남아 있으니까.
- 60대: 담뱃불 - 꼬옥~ 빨아야 붙으니까.
- 70대: 반딧불 - 불도 아닌 게 밤마다 불인 척 설치니까.
- 80대: 도깨비불 - 불이라고 우기지만 본 적이 없으니까.

10. 이런 여자는 무슨 녀?

- 미운 녀: 줄듯 줄 듯 하다 안 주는 녀
- 더 미운 녀: 한 번 주고 평생 안 주는 녀
- 나쁜 녀: 나만 준 줄 알았더니 이놈 저놈 다 준 녀
- 더 나쁜 녀: 나만 안 주고 다 준 녀
- 좋은 녀: 달란 말도 안 했는데 막 주는 녀
- 더 좋은 녀: 준 다음에 친구꺼정 먹으라고 하는 녀
- 얄미운 녀: 여관까지 가서 안 주는 녀
- 처량한 녀: 남자가 다 벗겨 놓고 안 먹는 녀
- 불쌍한 녀: 남자가 평생 달란 말 안 하는 녀
- 미친녀: 이놈 저놈 달라는 대로 다 주는 녀

- 행복한 녀: 남자들이 줄 서서 해 주는 녀
- 못된 녀: 밤새도록 소주 맥주 양주 다 사 줬는데 새벽 5시가 되어서 해장국이나 먹으러 가자 하는 녀
- 착한 녀: 소주 두 잔 먹고 "아 피곤해 눕고 싶어" 하는 녀

11. 야한 직업 베스트 7가지

1. 교사: 참 잘했어요. 또 해 보세요.
2. 간호사: 바지 벗으세요.
3. 보석 감정사: 한번 끼워 보세요.
4. 정화조 공사: 뚫어~ 막힌 것 다 뚫어~
5. 보험 세일즈맨: 하나만 넣으세요.
6. 파출부 아줌마: 또 빨 것 없어요?
7. 엘리베이트 걸: 얼른 타세요.

12. 명절 때 미운 사람은?

1. 가깝게 살면서 늦게 오는 동서
2. 형편 어렵다며 빈손으로 와서 이것저것 다 싸 가는 딸

3. 빨리 가서 쉬고 싶은데 눈치 없이 고스톱 치는 남편
4. 술 취했으면서 안 취했다고 가는 손님 붙잡는 시숙
5. 친정에 일찍 와서 참견하는 시누이
6. 잘 놀다가 꼭 부침개 부칠 때 와서 식용유 엎지르는 조카
7. 며느리 친정 안 보내고 시집간 딸 빨리 오라고 하는 시어미
8. 시댁에 20만 원, 처가댁에 10만 원으로 차별하는 남편
9. 늦게 와서는 아직도 일하고 있느냐 큰소리치는 형님
10. 집에 가려는데 "한 잔 더 하자"며 술상 보라는 시형(시숙/시아주버니)

13. 여자와 과일의 상관관계

10대: 호두 – 까기도 어렵고 막상 까 봐도 먹을 게 없다.
20대: 밤 – 까기는 어렵지만 먹을 만하다.
30대: 귤 – 까기도 쉽고 물도 많이 나온다.
40대: 수박 – 칼만 대면 갈라진다.
50대: 석류 – 처음부터 벌어져 있다.
60대: 토마토 – 과일도 아닌 게 과일인 척한다.

14. 여자를 산에 비유하면?

20대: 금강산 – 아름답지만 오르기 힘들다

30대: 지리산 – 계곡도 좋고 물도 좋고 올라가면 성취감도 크다.

40대: 북한산 – 아무나 올라간다.

50대: 남산 – 눈앞에 있지만 산이라고 여기지 않는다.

60대: 옛 동산 – 추억 속에만 있는 산

15. 책과 여자의 공통점

1. 표지가 선택을 좌우한다.
2. 아무리 노력해도 이해되지 않는 구석이 있다.
3. 세월이 흐르면 바랜다.
4. 표지가 안 좋으면 포장지를 씌우는 게 낫다.
5. 파는 것과 팔지 않는 것이 있다.
6. 잠자리에서 가끔 펼쳐 본다.

16. 道를 닦고 있는 사람은?

도 닦는 사람 앞에 미인이 지나갔다.

도인: 오! 저런 미인을 본 적 있나요? 저 검은 눈동자, 풍만한 가슴, 가는 허리 정말 멋져!"

동네사람: 아니, 도 닦는 사람도 여자를 탐합니까?

도인: 이봐요, 단식한다고 메뉴도 보지 말라는 법 있소?

17. 남녀의 차이

1. 남자는 현재에 살고, 여자는 과거에 산다.
2. 남자는 사람 없는 곳에 울고, 여자는 사람 앞에서 운다.
3. 남자는 자동차 고를 때 성능 따지고, 여자는 스타일로 고른다.
4. 남자는 남의 얘기 머리를 듣고, 여자는 가슴으로 듣는다.
5. 남자는 사랑의 감정이 없어진 여자에게 거짓말을 하고, 여자는 사랑하기 시작한 남자에게 거짓말을 한다.

18. 여성의 심리변천사

1. 처음 이성에 눈뜰 때, 첫사랑에 버림받은 여자가 하는 말?
   "못 잊어"
2. 한창 사랑이 싹틀 때, 애인의 심각한 얘기에 여자가 하는 말?
   "못 믿어"
3. 아이 한둘쯤 키울 때, 남편이 만취하여 들어오면 하는 말?
   "못 살아!"

19. 남자가 여자에게 물었다

남자: 혹시……, 담배 피우시나요?

여자: (호들갑스럽게) 어머~, 저 그런 건 못 피워요~!

남자: 그럼, 술은?

여자: 어머~, 저 그런 건 입에도 못 대요~!

남자: 그렇다면 지금까지 연애는?

여자: 연애요~? 전 아직까지 한 번도 남자의 '남'자도 모르고 살았는걸요.

남자: 정말 순진하시군요! 전 솔직히 반갑지만…… 그럼 무슨

낙으로 사시는지?

그러자 여자가 환한 미소를 띠우며

여자: 저는요, 거짓말하는 재미로 살아요!

20. 남편 따라갔더니

어느 금실 좋은 부부가 살고 있었다. 부인은 늘 자기만 사랑하고 다른 여자에게 눈길을 안 주는 그런 신랑을 무척 자랑스러워했다.

그런데, 그런 신랑이 어느 날, 갑자기 교통사고로 죽은 게 아닌가…….

"아이고~~ 나더러 어찌 살라고 혼자만 가는 거요."

"난 못 살아, 나도 따라갈 거여, 앙~~ 앙앙."

며칠을 슬퍼하며 생각하다가 신랑 따라가기로 마음먹고 저승으로 신랑을 찾아 나섰는데 거기에는 세 개의 방이 있었다.

결혼 후, 단 한 번도 바람을 안 피우고 오로지 부인과 가정만을 위하여 살아온 사람은 **장미방**, 바람은 가끔 피우지만 별다른 사고를 안 친 사람은 **백합방**, 몰래 바람 무지 많이 피우고 여자들만 보면 사족을 못 쓰는 사람은 **안개방**이었다.

부인은 당연히 장미방에 있겠지 하고 문을 열었는데,

"어라~ 여긴 한 명도 없네." 이상하다. 그럼 백합방에? 그런데, 그 방엔 딱 세 명 있네. 하지만 신랑은 안 보이는 게 아닌가! "어찌 된겨~ 혹시 안 죽은 거 아녀~~?"

마지막으로 살며시 안개방을 열어 보았다.

그랬더니, 남자들이 버글버글 천지 삐까리 있는데, 한가운데 완장을 두른 신랑이 보이는 게 아닌가.

21. 아들의 촌수

- 태어나면 1촌
- 사춘기가 되면 4촌
- 군대에 가면 8촌
- 결혼하여 애 낳으면 **동포**
- 이민가면 **해외동포**

22. 누가 내 아들?

- 잘난 아들은 국가의 아들,

• 돈 잘 버는 아들은 사돈의 아들,
• 장가도 못가고 빚진 백수는 내 아들

23. 누가 내 사랑?

• 아들은 희미한 옛사랑의 그림자,
• 며느리는 가까이하기엔 너무 먼 당신,
• 딸은 아직도 그대는 내 사랑,
• 남편은 미워도 다시 한번.

24. 자식이 출가하면

• 아들은 큰 도둑,
• 며느리는 좀도둑,
• 딸은 예쁜 도둑

25. 유산 처리는?

• 살아생전 자녀에게 모두 주면 굶어 죽고,

- 절반 주면 나머지 반 달라고 목 졸려 죽고,
- 안 물려주면 맞아 죽는다.

26. 애인 버전

- 30대에 애인이 없으면: 1급 장애자
- 40대에 애인이 없으면: 2급 장애자
- 50대에 애인이 있으면: 가문의 영광
- 60대에 애인이 있으면: 조상의 은덕
- 70대에 애인이 있으면: 신의 은총

27. 아내를 오리에 비유하면

- 집오리: 돈 버는 능력은 없지만 틀어 앉아 살림은 잘하는 전업 주부
- 청둥오리: 전문직에 종사하며 안정적 수입이 있는 아내
- 황금오리: 부동산, 주식투자 등으로 큰 돈 벌어 오는 아내
- 탐관오리: 남편이 벌어다 주는 돈 다 쓰고도 모자라 돈 더 벌어 오라고 호통만 치는 아내

- 주께가오리: 모든 재산을 사이비종교에 헌납한 아내
- 어찌하오리: 돈 많이 드는 병에 걸리고도 명까지 긴 아내
- 주고가오리: 돈도 많이 벌어 놓고 일찍 죽은 아내

28. 김정일이 서울에 못 오는 이유

- 거리에는 총알택시가 너무 많다.
- 골목마다 대포 집이 너무 많다.
- 간판에는 부대찌개가 너무 많다.
- 술집에서는 폭탄주가 너무 많다.
- 가정은 집집마다 핵가족이다.

29. 우기는 데는 못 배겨

- 갈매기살과 제비추리가 새의 살코기라고 우기는 놈
- 탑골공원과 파고다공원이 다르다고 우기는 놈
- LA와 나성은 다르다고 우기는 놈
- 으악 새를 새라고 우기는 놈
- 구제역이 양재역 다음이라 우기는 놈

- 노루에게도 웅담이 있다고 우기는 놈
- 몽고반점이 중국집이라고 우기는 놈

30. 얄미운 여자 2탄

10대: 공부도 잘하고 얼굴도 예쁜 여

20대: 쌍꺼풀 수술을 했는데 수술이 더 잘 되어 원래 자기 것처럼 보이는 여

30대: 학교 다닐 때는 공부도 못했는데 결혼 한 번 잘 하니 외제차 타고 다니는 여

40대: 자기는 골프 치고 카바레 다니고 할 짓 다 하는데 애들은 서울대에 꼬박꼬박 들어가 주는 여

50대: 밥을 아무리 많이 먹어도 살 안 찌는 여

60대: 남편이 돈을 많이 벌어 놓고 일찍 죽은 여

70대: 평생 오만 나쁜 일은 다 즐기고 죽어서 극락까지 가려고 절에 다니는 여

31. 여자의 상품가치

10대: 샘플

20대: 신상품

30대: 명품

40대: 정품

50대: 세일품

60대: 이월상품

70대: 창고 대 방출품

80대: 폐기처분, 후일 희귀품으로 진품명품이 될 수 있음.

32. 부부의 잠버릇

20대: 포개고 잔다.

30대: 마주 보고 껴안고 잔다.

40대: 천장 보고 나란히 누워 잔다.

50대: 등 돌리고 잔다.

60대: 각방에서 따로따로 잔다.

70대: 어디에서 자는지도 모른다.

33. 부부생활의 상태

10대: 서로가 뭣 모르고 환상 속에서 산다.

20대: 서로가 너무 좋아 신 나게 산다.

30대: 서로 한 눈 팔며 산다. 권태기라 고독을 씹으며 산다.

40대: 서로 마지못해 산다. 헤어질 수 없어서 체념하고 산다.

50대: 서로 가여워서 산다.

60대: 서로 필요해서 산다, 등 긁어 줄 사람이 없어서.

70대: 서로가 고마워서 산다, 살아 준 세월이 고마워서.

34. 아내가 두려울 때

20대: 외박하고 들어갔을 때

30대: 카드 고지서가 날아왔을 때

40대: 아내의 샤워하는 소리가 들릴 때

50대: 아내의 곰국 끓이는 냄새가 날 때

60대: 해외여행 가자고할 때(떼어 놓고 올까 봐)

70대: 이사 간다고 할 때(버리고 갈까 봐)

35. 정치인과 개의 공통점

- 주인도 몰라보고 짖거나 덤빌 때가 있다.
- 먹을 것을 주면 아무나 좋아한다.
- 무슨 말을 하든지 개소리다.
- 자기 밥그릇은 절대로 뺏기지 않는다.
- 매도 그 때뿐 옛날 버릇 못 고친다.
- 족보가 있지만 믿을 수 없다.
- 미치면 약도 없다.

36. 여자와 무의 공통점

- 겉만 봐선 잘 모른다.
- 바람이 들면 안 좋다.
- 물이 많고 싱싱해야 좋다.
- 공짜로 주면 더 좋다.
- 쭈글쭈글하면 안 좋다.
- 고추하고 버무리면 좋다.

37. 신혼부부와 초보 운전자의 공통점

- 보기만 하면 올라타려고 한다.
- 아무리 오래 해도 싫증이 안 난다.
- 기술은 서툴러도 힘으로 밀어붙인다.
- 남들이 그 시절이 좋은 때라고 말한다.

38. 아내에게 남편은?

- 신혼 때는 애교 덩어리
- 애 낳으면 혹 덩어리
- 친정 가면 골칫덩어리
- 집에 놔두면 근심 덩어리
- 같이 나오면 짐 덩어리
- 혼자 내보내면 사고덩어리
- 마주 앉으면 웬수 덩어리
- 며느리에게 맡기면 구박 덩어리
- 죽으면 한 덩어리

39. 3대 미친 여자

- 첫째, 며느리를 딸로 생각하는 여자
- 둘째, 사위를 아들로 착각하는 여자
- 셋째, 며느리의 남편을 아직도 아들로 여기는 여자

40. 남자가 집에서 쫓겨나는 이유

(서울역 노숙자들을 조사한 결과)

20대: 아내생일 한 번 잊어서

30대: 아침밥 해 달라고 깨워서

40대: 일요일 외출하는 아내에게 어디 가냐고 물어서

50대: 같이 자다가 아내 몸에 살이 닿아서

60대: 퇴직 후 아내 동창회에 따라 간다고 말하다가

70대: 아침에 일어나서 숨 쉰다고

41. 속담 유머

- 가는 말이 고우면 오는 말도 곱다

→가는 말이 고우면 사람을 얕본다.

• 티끌 모으면 태산

→티끌 모아 보아야 티끌

• 원수는 외나무다리에서 만난다.

→원수는 회사에서 만난다.

• 고생 끝에 성공한다.

→고생 끝에 골병든다.

42. 까불지 마의 의미

아내가 외출하면서 남편에게 간단히 말했다.

"까, 불, 지, 마!"

까: 가스 조심

불: 불조심

지: 지퍼 조심

마: 만지지 마.

43. 하늘의 별 따기보다 힘든 것

- 중(스님) 머리에 꽃핀 꽂기
- 장가 간 아들 내 편 만들기
- 펀드에 맡긴 돈 원금 되찾기

44. 잊었던 첫사랑이

- 잘살면 배 아프고
- 못살면 가슴 아프고
- 같이 살자고 하면 머리 아프고

45. 나이별 화장하는 이유

30대: 치장을 위해

40대: 분장을 위해

50대: 변장을 위해

60대: 환장을 해서

46. 정신병자 시리즈

간호사가 정신병자에게 산수를 가르친다.

간호원: 1 더하기 2는 3입니다. 그러면 2 더하기 1은 몇일까요?

환자: 쉬운 건 지가 풀고 어려운 문제는 나보고 풀래.

47. 준말 시리즈

1. 남자들의 일광욕을 5자로 줄이면?

답: 고추 말리기

2. 고고를 출 것인가, 블루스를 출 것인가를 5자로 줄이면?

답: 고부간 갈등

48. 속담 격언 시리즈

1. 아는 길은? **곧장 가고**
2. 천리 길은? **비행기 타고 가고**
3. 못 올라갈 나무는? **사다리 놓고 오르고**
4. 버스 지나간 뒤 손들면? **백미러 보고 선다.**

5. 젊어 고생은? **늙어서 신경통**

6. 고생 끝에? **골병**

49. 수수께끼 시리즈

1. 진짜 숫처녀와 숫총각의 결혼은? **천연기념물**
2. 못 사오게 했더니 사 온 것은? **못**
3. '결혼하다'의 미래형? **이혼하다**
4. 노처녀의 유일한 자랑거리? **시집갈 뻔했다.**
5. 아빠와 엄마 그리고 아들이 고층 빌딩에서 떨어졌는데 아들만 안 다친 이유? **비행청소년이어서**

50. 유머퀴즈 시리즈

- 여자는 없는데 남자는 아래쪽에 하나 있는 건? **받침**
- TV의 "숨어 있던 1인치를 찾아 드립니다." 이게 무슨 광고? **포경수술**
- 여자가 좋아하는 남자는? **서 있는 남자**
- 남자가 좋아하는 여자는? **속 좁은 여자**

- 겉옷을 벗기면 속옷이 나오고 속옷을 벗겨 빨면 흐물흐물해지는 것은? **껌**
- 동그란 모양인데 만지면 물렁물렁하고 끝에 꼭지가 있는 것은? **풍선**
- 젊은 남자가 여탕에 들어가면 무슨 죄?**불법무기소지죄**
- 젊은 여자가 남탕에 들어가면 무슨 죄? **방화죄**
- 늙은 남자가 여탕에 들어가면 무슨 죄? **불량무기소지죄**
- 그러나 그 남자가 훈방된 까닭은? **물총은 무기가 아니기에**
- 할머니가 남탕에 들어가면? **방화미수죄**
- 포경수술의 순 우리말은? **아주까리**
- 여자는 이것을 하기 전과 후가 다른 것은? **화장**
- 신혼부부들이 싫어하는 노래는? **아니 벌써**
- 여자는 무드에 약하고, 남자는 무엇에 약할까? **누드**
- 울면 끌어다 대 주고 안 울면 올라타는 것은? **전화기**
- 남자의 코가 크면 뭐가 클까? **콧구멍**
- 허리띠를 풀어 그 속으로 보이는 하얀 속살을 쪽쪽 빨고 싶은 것? **담배**
- 원동형 끝에 구멍이 있고 손으로 만지작거리면 흰 액체가 나오는 것은? **치약**

- 처녀란? **처음 하는 여자**
- 총각이란? **총은 쏠 줄 아는데 각시가 없는 남자**
- 아주머니란? **아주 많이 한 여자**
- 아저씨란? **아직 씨 뿌릴 수 있는 남자**
- 할망구란? **할 만큼 해서 망가져 허리가 구부러진 여자**
- 할아버지란? **할 만큼 해서 아무리 세워도 버러지같이 안 서는 남자**
- 남편의 벌이가 좋고, 정력도 좋을 경우
  '그래 잘났다 잘났어!'
- 돈은 잘 벌지만 정력이 별로인 경우
  '돈이면 다야, 밥만 먹고 사냐?'
- 정력은 좋지만 벌이가 시원찮은 경우?
  니가 짐승이지 사람이야!
- 돈도 못 벌고 정력도 별 볼 일 없는 경우?
  '니가 나한테 해 준 게 뭐가 있어!'

제4장

♪레크리에이션 노래 모음♪

1. 과수원길

동구 밖 과수원길 아카시아꽃이 활짝 폈네
하이얀 꽃 이파리 눈송이처럼 날리네
향긋한 꽃냄새가 실바람 타고 솔솔
둘이서 말이 없네 얼굴 마주 보며 생긋
아카시아꽃 하얗게 핀 먼 옛날의 과수원길

2. 시냇물은 졸졸졸졸

시냇물은 졸졸졸졸
고기들은 왔다갔다

버들가지 한들한들
꾀꼬리는 꾀꼴꾀골

3. 나의 살던 고향은

나의 살던 고향은 꽃피는 산골
복숭아꽃 살구꽃 아기 진달래
울긋불긋 꽃 대궐 차린~동네
그 속에서 놀던 때가 그립습니다

꽃동네 새~동네 나의~고향
파란들 남쪽에서 바람이 불면
냇가에 수양버들 춤추는 동네
그 속에서 놀던 때가 그립습니다

4. 크고도 높도다

크고도 높도다 크고 높은 산이 있도다
높고도 크도다 크고 높은 산이 있도다

넓고도 깊도다 넓고 깊은 바다 있도다

깊고도 넓도다 넓고 깊은 바다 있도다

5. 사랑한다 말할까예(곡: 여자이니까)

1. 사랑한다 말할까 좋아한다 하까예~
   어디예 언지예 아이라예
   지는 여자 아인교~
2. 만나자고 하데예 결혼하자 하데예~
   어디예 언지예 아이라예
   마음대로 하이소~
3. 결혼해서 살다 보니 인간이 변하데예~
   갈라서자 하까예 째~지자 하까예~
   어디예 언지예 아이라예
   다 팔자 아인교~

6. 랄랄 랄랄랄랄

1. 조개껍질 묶어 그녀의 목에 걸고

힘껏 당겨 보면 꽥 하고 소리치죠

(후렴) 랄랄라 신이 난다 랄랄라 기분 좋다

랄랄 랄랄랄 랄랄 랄랄 랄랄 랄랄랄라

2. 꽥 하고 소리치면 살짝 놓아주고

휴~ 하고 한숨 쉬면 다시 당겨 봐요

3. 살모사 껍질 벗겨 그녀의 목에 걸면

그녀는 깜짝 놀라 내 품에 안기겠지

4. 착한 일은 자기 하고 칭찬은 내가 듣고

상장도 내가 받고 자기는 박수 쳐라

7. 밤바라밤밤밤밤

1. 윙크해 주세요. 속눈썹이 쏙 빠지도록

(후렴) 밤바라밤밤밤밤 밤바라밤밤밤~헤이

밤바라밤밤밤밤 밤바라밤밤밤~헤이

2. 키스해 주세요. 앞 이빨이 쏙 빠지도록

3. 안아 주세요. 갈비뼈가 으스러지도록

4. 사랑해 주세요. 내 정신이 없어지도록

5. 응원해 주세요 마운드에 태극기 꽂도록

6. 기뻐해 주세요 앞단추가 풀어지도록
7. 손뼉 쳐 주세요 손바닥이 불이 붙도록
8. 축하해 주세요 어금니가 쏙 빠지도록

8. 나는 기쁘다

1. 나는 기쁘다 나는 기쁘다
   나는 기쁘다 항상 기쁘다,
2. 아이엠 소 해피 아이 엠 소 해피
   아이 엠 소 해피 해피 올드 데이,
3. 와다시와 우레시 와다시와 우레시
   와다시와 우레시 이쯔모 우레시,
4. 웟창 콰일러 웟창~ 콰일러
   웟창 콰일러 창창 콰일러

9. 바윗돌 깨트려

바윗돌 깨트려 돌덩이 돌덩이 깨트려 돌맹이
돌맹이 깨트려 자갈돌 자갈돌 깨트려 모래알

(후렴) 랄라 랄라 랄랄라 랄라 랄랄 랄랄라

2. 도랑물 모여서 개울물
개울물 모여서 시냇물
시냇물 모여서 큰 강물
큰 강물 모여서 바닷물

10. 퐁당 퐁당

퐁당 퐁당 돌을 던지자
누나 몰래 돌을 던지자
냇물아 퍼져라 멀리멀리 퍼져라
시냇가에 앉아서 나물을 씻는
우리 누나 손등을 간지러 주어라(×2)

11. 악어 떼

정글 속을 헤쳐서 가자
엉금엉금 기어서 가자

늪 근처를 지날 때면은
악어 떼가 나올라 악어 떼!

12. 하늘에서 별을 따다

하늘에서 별을 따다
하늘에서 달을 따다
그대에게 모두 드리리
아름다운 날들이여
아름다운 눈동자여
오오오오 내 사랑, 당신!

13. 내 모자 세모났네

내 모자 세모났네 세모난 내 모자
세모가 아닌 것은 내 모자 아니지,
내 양말 빵구 났네 빵구 난 내 양말
빵구가 안 난 것은 내 양발 아니시

14. 어린 송아지

어린 송아지가 부뚜막에 앉아 울고 있어요
엄마~ 엄마~ 엉덩이가 뜨거워

15. 선물 아리랑

아리랑 아리랑 아라리~~요
.1 2 3 1 2 3 1 2 3 1 2 3
아리랑 고개로 너머~ 간다~
.1 2 3 1 2 3 1 2 3 1 2 3

1. 쪽지를 만들어 선물을 쓰고 위와 같이 박수를 치면서 선물을 넘긴다.
2. 노래가 끝날 때 쪽지가 도착한 사람이 선물을 받는다.
3. 박자 치기: 하나 둘 셋, 3박자로 한다. 자기 왼손을 펴서 왼쪽 무릎에, 오른 손으로 박자를 친다.
4. 박수 하나: 오른손으로 왼손 바닥 치고,
   박수 둘: 오른손으로 오른 무릎 치고

박수 셋: 왼손바닥에 도착한 쪽지를 오른쪽 사람에게 넘긴다.

제5장

웃음지수와 체크표

웃음지수 도움말

영국 속담에 따르면 '최후에 웃는 사람이 진정한 승리자'라고 한다. 웃음지수는 내가 진정한 승리자인지를 판단할 수 있는 기준이다. 특히 건강한 자아상은 웃음의 근원이 된다. 나는 얼마나 잘 웃는지, 나의 웃음은 건강한지에 대해서 나의 웃음지수를 확인해 보자. 1~15번까지는 자신에 대한 태도, 16~30번까지는 타인에 대한 태도를 점검한다.

A급(121~150점): 웃음의 VIP

유쾌한 분위기를 즐기는 당신은 인생의 멋을 알고 있다. 매사에 긍정적 사고를 지니고 있어 웃는 것이 자연스럽고 생활화되어 있다. 작은 일에도 행복을 느끼는 당신은 타인을 웃음으로 즐겁게 해 주는 천부적인 능력을 가졌다. 당신의 긍정적인 생각과 웃음 바이러스를 더욱 퍼트리세요.

B급(91~120점): 웃음에 양념을 더하세요.

환한 얼굴로 사람들을 편안하게 하는 당신, 하지만 자기만의 웃음이 아닌 타인과 공유하는 웃음에 조금 서툴다. 인생의 최고 경영자가 되길 원한다면 불행 속에서 웃을 수 있는 용기가 필요하다. 웃음의 영향력은 넓어질수록 좋다. 그것은 성장시키는 중요한 열쇠란 걸 기억하세요.

C급(61~90점): 생각은 긍정적이나 표정은 부정적이다.

기본 마음가짐, 가치관은 긍정적이나 자주 웃는 성격은 아니다. 기본에 가지고 있던 웃음에 대한 편견을 버리고 웃어 보자. 웃음은 안에서 밖으로, 또 밖에서 안으로 전염된다. 웃는 연습을 통해 행복해진다는 것을 체험하자. 지금 당장 시작하세요.

D급(0~60점): 웃음 치료가 필요하다.

다른 사람은 배꼽을 잡고 웃는 상황에서도 웃음이 나오지 않나요? 웃음이 부족한 건 질병을 앓고 있는 것만큼 심각하다. 웃음은 인간의 정신적 호흡기관과도 같다. 억지로라도 웃는 연습을 해야 한다. 웃음이 주는 유익을 누리지 못한다면 결코 행복한 인생이 아니다. 웃는 사람과 친해지며 웃음을 친구로 맞아들이세요.

위와 같이 웃음지수를 체크표에 따라서 ①체크해 보고 자신의 상태를 알아보고, ②그에 따라서 웃음치료가 필요할 경우 그에 따라 처방하며, ③웃음을 생활화할 수 있도록 돕는다.

웃음지수 체크표

호	**매우 그렇다: 5점, 보통: 3점, 전혀 그렇지 않다: 1점**	5	3	1
1	나는 나 자신을 좋아한다.			
2	나는 일상의 작은 일에도 행복을 느낀다.			
3	슬퍼질 때 일부러 더 즐거운 생각을 한다.			
4	내가 실수했을 때 스스로에게 긍정적인 말을 한다.			
5	긴장된 순간 웃음으로 여유를 찾는다.			
6	내겐 힘든 상황에서 웃게 만드는 꿈(비결)이 있다.			
7	하루 시작(출근)을 웃음으로 한다.			
8	혼자 있을 때도 좋은 생각을 하며 웃음 짓곤 한다.			
9	평소 얼굴표정은 밝은 편이다.			
10	큰 소리로 웃는 것이 자연스럽다.			
11	나는 웃음이 건강에 좋다고 생각한다.			

12	나는 스트레스를 쉽게 이겨 낸다.			
13	나는 생활 속에서 웃음거리를 쉽게 찾아낸다.			
14	나에 대한 충고나 비판을 겸손하게 웃음으로 수용한다.			
15	내 기억 속엔 재미있고 즐거운 추억이 많다.			
16	나는 가족(동료)들과 하루에 5번 이상 웃는다.			
17	가족(동료)들에게 짜증을 웃으면서 들어준다.			
18	가족(동료)들에게 감사의 표현을 자주 한다.			
19	나는 비꼬는 유머나 부정적인 유머를 피한다.			
20	지금 당장 3개 정도의 유머를 할 수 있다.			
21	사람들은 즐거운 분위기를 위해 나를 찾는다.			
22	대화를 할 때 많이 웃는 편이다.			
23	화가 나는 상황에도 먼저 웃으며 화해를 청한다.			
24	낯선 사람에게도 자연스레 웃을 수 있다.			
25	다른 사람의 실수를 웃음으로 넘길 수 있다.			
26	웃음을 통해 상대방의 기분을 바꾸어 준다.			
27	사람들을 자주 칭찬하는 편이다.			
28	타인의 즐거움을 위해 우스꽝스런 행동을 할 수 있다.			
29	같은 말도 더 재미있게 하려고 노력한다.			
30	대부분의 상황에서 긍정적인 면을 본다.			
합계(총점)				

편집을 마치며

본서를 엮은 장가자 님과는 강 하나를 사이에 두고 바라보는 아파트에서 서로 살고 있다. 장가자 님을 안 지도 이제 10여 년에 이르고 있다. 장가자 님의 부군 되시는 양원장님과 더불어 우리는 꽤나 많은 시간을 함께 보내고 있다.

그동안 두 분은 오랫동안 이 북간도 땅에 살면서 고희의 나이를 잊고 열정적으로 건강한 웃음으로 살아오셨다. 그래서 많은 분들에게 존경을 받고 계시며 이러한 두 분의 웃음은 이 땅 곳곳에 널리 퍼져 많은 사람들에게 귀감을 주고 계시다.

이번에 장가자 님이 그동안 활동하며 경험해 온 이야기들과 모아 온 자료를 토대로 하여 공동편집하면서 『웃음의 미학과 놀이』라는 제목으로 작은 책자를 내세 되있다. 본시는 웃음이 부족한 사람들에게 웃어야 할 이유를 나누고자하여 웃음의 자료들을 한데 모아서

엮었다.

본서를 통하여 활짝 밝은 웃음으로, 고민을 털고 찡그린 낯을 펴고 기쁨으로 살아가길 바란다. 그런 웃음이 바로 여러분에게 복을 가져다주며 여러분을 웃지 못하게 괴롭히는 사악한 것들이 한 길로 왔다가 일곱 길로 도망하게 될 것이다.

여러분의 웃음이 건강한 미인을 만들고, 건강한 가정을 이루게 하며, 건강한 가정들이 모여서 건강한 사회, 건강한 국가를 만들어 가게 할 것이다.

특히 본서는 웃음이 필요한 '노인대학', '부녀교실', '복지시설' 등에서 사용하는 데 좋은 자료가 되리라 생각한다. 더 좋은 자료로 편집하기를 바랐지만 여러 가지 제약으로 다 이루지 못한 아쉬움에 쑥스럽지만 소박한 마음으로 함께 웃음을 나누고자 한다.

"항상 기뻐하세요, 내가 다시 말하노니 기뻐하세요, 여러분의 넓은 마음으로 용서하는 것을 사람들에게 알려 주세요."

길리기아 폴 선생의 축복이 여러분과 가정 위에 함께하시길 빕니다.

2012년 6월 7일
부루허퉁허 강변 남쪽에서
엮은이 문희주

문희주(文熙周)

韓國 濟州道 出生
경주문예대학 졸업
한남대학교 한국어교사과정 수료
한국[문학21] 신인상 수상 시인 등단
한국[생활문학] 신인상 수상 문학평론가 등단
제주문인협회 회원
연변시인협회 회원
연변해양대학 부학장역임(기관학과 교수)
현재 연변문예대학 학장

시집: 『유채고장 피민 3월이우다』, 『갈매기의 꿈』, 『당신의 바다』, 『실크로드 순례자』, 『열리는 새날에』
수필집: 『두만강변의 슬픔』, 『내 사랑 중국』
저서: 『열린 수업의 실제』, 『논문작성법 이론과 실제』, 『쉽게 배우는 논리학 기초』, 『웃음의 미학과 놀이』 외 다수
월랑카페 http://cafe.daum.net/mooncafe
e-mail: ybmhj@hanmail.net

장가자

부산 출생
부산대학교 졸업
고신대학교대학원 졸업
부산동명대학교 강사역임
부산교육신학대학원 교수역임
총신대학교(부산) 교수역임
교육신학대학 교수
노동부 직업상담원 역임
현) 연변신세계리더십센타 부원장

『신세계, 그리고 소중한 만남』

웃음의 미학과 놀이

초판인쇄 | 2012년 7월 20일
초판발행 | 2012년 7월 20일

지 은 이 | 장가자 · 문희주
펴 낸 이 | 채종준
펴 낸 곳 | 한국학술정보(주)
주 소 | 경기도 파주시 문발동 파주출판문화정보산업단지 513-5
전 화 | 031) 908-3181(대표)
팩 스 | 031) 908-3189
홈페이지 | http://ebook.kstudy.com
E-mail | 출판사업부 publish@kstudy.com
등 록 | 제일산-115호(2000. 6. 19)

ISBN 978-89-268-3530-2 03810 (Paper Book)
978-89-268-3531-9 05810 (e-Book)

책에 대한 더 나은 생각, 끊임없는 고민, 독자를 생각하는 마음으로 보다 좋은 책을 만들어갑니다.